これならわかる！

英文読解基礎ルール

西口昌宏

英宝社

■序文

「自慢じゃないが、自分は英文和訳の仕方が全く解(わか)らない。英文和訳は大の苦手だ、英文和訳（或いは、英語）なんて大嫌いだ！」と思っている貴女（貴方）。なぜ英文和訳・英文読解の仕方が解(わか)らないのでしょうか。

＜英文和訳＞という作業は非常に簡単なものです。先ずは、和訳しようと思う英文に使われている＜文法構文や用法＞を判別し、その文法構文や用法に対応する和訳を決定します。その後、和訳しようと思う英文に使われている総ての語に和訳する順序を付(ふ)すことが出来れば、あとは、その順序通りに各語を訳して行けば宜(よ)いのです。

本書は、我々日本人が中学校に入学した時から一貫して教わって来た従来の本末転倒な英文和訳の方法ではなくて、≪文の構造や文中に使われている語の順序に着目して、先ずは文法構文や用法を決定する≫ ⇒ ≪和訳が自(おの)ずと出て来る≫ という考え方に基づいた、これまでの参考書には無い画期的な説明方法を採り入れています。

和訳は、「する」ものではなくて「自(おの)ずと出て来る」ものなのです。

―本書の活用方法について―

序文

　＜知っ得 情報！＞は、各項目に関する本文中の説明を簡潔に纏（まと）めたものです。本文中の説明に関する学習が終わった後は、是非、これらを利用して、学習内容の復習・再確認を図って下さい。

　各章末には ＜練習問題＞ を豊富に収録しました。本文に書かれている説明を読んで理解した後は、＜練習問題＞及び＜問題の解き方に関する詳しい説明＞を利用して、各項目に関する理解を深めて下さい。

　本書では、「索引」も充実させました。訳し方の解（わか）らない表現や意味の解（わか）らない（文法）用語が出て来た場合には、辞書や他の参考書を使って調べる前に、先ずは、本書の「索引」を使ってそれらの表現や（文法）用語が記載されている本文のページを確認して下さい。そして、その後、本文内の該当箇所を読んで問題点を解決するという方法により、本書を効率良く活用して下さい。

　くれぐれも、貴重な時間と労力とを無駄にするということは避けて下さい。

　尚、本文中の「 ～ 」の記号は「動詞」を、「 --- 」の記号は「名詞」を表しています。

3

■目　次

■ 大原則 .... *10 〜 12*

――〈基本編〉――

1　〈語〉 .... *14 〜 15*

2　〈句〉 .... *16 〜 17*

3　〈文〉〈文章〉 *18*

4　動作を表す言葉：「動詞」 .... *19 〜 22*

　　〈知っ得 情報！〉―「動詞」の〈形〉― *23*

　　〈練習問題：「動詞」の区別〉 .... *24 〜 26*

5　事物を表す言葉：「名詞」 .... *27 〜 32*

　　〈知っ得 情報！〉―〈文〉の要素 ― *33*

6　「名詞」の代わりをする言葉：「代名詞」 *34*

　　〈知っ得 情報！〉―〈格〉について ― .... *35 〜 36*

7　性質・様子・状態・程度 を表す言葉（1）：
　　　「形容詞」 .... *37 〜 40*

8　性質・様子・状態・程度 を表す言葉（2）：「副詞」 *41 〜 43*

9　頻度を表す「副詞」 *44*

　　〈知っ得 情報！〉― always と usually ― *45*

10　「疑問詞」 .... *46 〜 48*

11　〈節〉 *49*

12　「等位接続詞」 .... *50 〜 52*

　　〈知っ得 情報！〉―「等位接続詞」と省略 ― .... *53 〜 54*

13 「従位接続詞」 ································· *55 ～ 57*

14 纏めの練習問題：訳す順序と和訳 ············· *58 ～ 61*

—— 〈応用編〉——

15 命令文 ····································· *64 ～ 66*

　〈練習問題：命令文〉 ······················· *67 ～ 69*

16 ～ing（1）：「動名詞」 ···················· *70 ～ 73*

17 ～ing（2）：「現在分詞」 ·················· *74 ～ 77*

18 進行形 ····································· *78 ～ 79*

　〈知っ得 情報！〉—「動名詞」と「現在分詞」— ···· *80 ～ 81*

　〈練習問題：～ing 形〉 ····················· *82 ～ 86*

19 ～ed（1）：「動詞」の〈過去形〉 ············ *87 ～ 88*

20 ～ed（2）：「過去分詞」 ··················· *89 ～ 92*

21 受動態 ····································· *93 ～ 95*

　〈知っ得 情報！〉—「他動詞」の ～ed 形 — ····· *96 ～ 97*

　〈練習問題：～ed 形〉 ······················· *98 ～ 102*

22 分詞構文 ··································· *103 ～ 106*

　〈練習問題：分詞構文〉 ····················· *107 ～ 109*

23 to 不定詞 ································· *110 ～ 117*

　〈知っ得 情報！〉—"to 不定詞"と「動名詞」— ··· *118 ～ 119*

　〈練習問題：to 不定詞〉 ···················· *120 ～ 124*

24 疑問詞 + to 不定詞 ······················· *125 ～ 126*

5

25	「助動詞」：will	$127 \sim 129$
26	「助動詞」：must	$130 \sim 131$
27	「助動詞」：can；can't / cannot	$132 \sim 133$
28	「助動詞」：may	$134 \sim 135$
29	「助動詞」：need	$136 \sim 138$
30	「助動詞」：should；ought to	139
31	「助動詞」：had better	140
32	「助動詞」：used to	141
33	「助動詞」：shall	$142 \sim 143$
	〈練習問題：助動詞〉	$144 \sim 146$
34	「動詞」を使った構文（1）： make, let, have（使役動詞）	$147 \sim 148$
35	「動詞」を使った構文（2）： see, hear, feel（知覚動詞）	$149 \sim 152$
36	「動詞」を使った構文（3）：ask, tell, want	$153 \sim 155$
37	「動詞」を使った構文（4）： allow, cause, encourage, expect, force, help, request, require, urge	$156 \sim 159$
38	「動詞」を使った構文（5）： call, find, keep, leave, make, name	$160 \sim 164$
	〈練習問題：動詞を使った構文〉	$165 \sim 167$
39	現在完了	$168 \sim 171$
	〈知っ得 情報！〉―〈過去形の否定文〉と 〈現在完了構文の "完了用法・否定文"〉の意味の違い ―	$172 \sim 173$

6

40	過去完了	174〜176
41	未来完了	177〜179
42	have been to と have gone to	180〜181
43	since	182〜183
44	yet	184〜185
	〈練習問題：完了形 構文〉	186〜189
45	仮定法	190〜196
46	would・could	197
	〈練習問題：仮定法〉	198〜201
47	比較	202〜210
	〈知っ得 情報！〉― 不規則な変化をする語・特殊な形を取る語 ―	211
	〈練習問題：比較〉	212〜214
48	"too … to 〜" 構文	215
	〈知っ得 情報！〉― too について ―	216〜217
49	"― enough to 〜" 構文	218
50	that を用いた構文（1）："so ― that S＋V〜" 構文	219〜220
51	that を用いた構文（2）："such ― that S＋V〜" 構文	221〜222
52	that を用いた構文（3）：形式主語構文	223〜227
53	that を用いた構文（4）：強調構文	228〜232
54	that を用いた構文（5）：「関係代名詞」	233〜243

目次

| 55 | that を用いた構文（6）：「接続詞」 | 244 〜 247 |

〈知っ得 情報！〉— 時制の一致 — ……………………… 248 〜 249

〈知っ得 情報！〉— that 構文— ……………………………… 250 〜 251

〈練習問題：that 構文〉 …………………………………………… 252 〜 270

| 56 | 「関係副詞」 | 271 〜 275 |

〈知っ得 情報！〉—「疑問詞」と「関係詞」— ………………… 276

〈練習問題：「疑問詞」と「関係詞」〉 ……………………… 277 〜 281

| 57 | 感嘆文 | 282 |

| 58 | what | 283 〜 288 |

| 59 | how | 289 〜 292 |

〈練習問題：what と how〉 …………………………………… 293 〜 296

| 60 | as | 297 〜 301 |

〈練習問題：as〉 ……………………………………………………… 302 〜 304

| 61 | 長〜い文の攻略法：「述語動詞」の見付け方 …… 305 〜 316 |

| 62 | 訳さない主語 It | 317 〜 321 |

| 63 | その他の重要表現 |

1　All ＋ S ＋ V〜 is ⋯ ／ to〜〜. …………………… 322

2　busy …………………………………………………… 322 〜 323

3　come to ……………………………………………… 324

4　it と one …………………………………………… 324 〜 325

5　It's because S ＋ V〜. …………………………… 325

6　他動詞 〜 if S ＋ V〜〜. …………………………… 325 〜 326

8

7　some と others .... 326 〜 327

8　spend .... 327 〜 328

9　wait for --- to 動詞の原形 〜 328

10　無冠詞の「可算名詞」単数形 .... 328 〜 329

〈練習問題：その他の重要表現〉 .... 330 〜 333

64　総纏めの練習問題 .... 334 〜 359

索引 .... 361 〜 370

目次

大原則

　以下の 6 つのことは、英文和訳をする上で絶対に憶えて戴きたい、最も大切な「基本の基本」です。

　それぞれの項目についての詳しい説明は本文中の関連する箇所で行ないますから、ここでは完全に理解できなくても構いません。先ずは、一読して下さい。

1 ポイントチェック　〈文〉は大きく、〈主部〉（＝「述語動詞」の直前までの部分）と〈述部〉（＝「述語動詞」から後の部分）に分けることが出来る。

☞　〈文〉と「述語動詞」については p. 18 を参照して下さい。

2 ポイントチェック　（1）先ず〈主語〉を訳し、その後、文末から前へと訳していく。
　（2）〈主部〉（＝〈主語〉を含む複数の語から成り立つ）も、後ろから前へと訳す。

☞　しかし、何事にも例外が在ります。

《例外》

（1）《命令文》の場合

☞　《命令文》（pp. 64～65）には〈主語〉が無いので、文末から前へと順に訳していきます。

(2)「**頻度を表す副詞**」が使われている場合

☞ 「頻度を表す副詞」（p. 44）は、〈主語〉の次に訳すんだよ！

(3)「**疑問詞**」が使われている場合

☞ 「疑問詞」（pp. 46～48）は、〈主語〉の次に和訳するんだよ！

(4) **成句・慣用句や特別な構文**が使われている場合

☞ 成句・慣用句や特別な文法構文が使われている場合には、この大原則に当て嵌まりません。だから、英語学習に於いては、成句・慣用句や文法構文が大切だと言われるのです！

---

3 ポイントチェック 「他動詞」や「前置詞」が使われていたら、それに対する〈目的語〉が必要。

☞ **4** 動作を表す言葉：動詞（pp. 19～22）で詳しく説明します。

---

4 ポイントチェック 或る1つの「名詞」が、同時に2つ以上の〈働き〉をすることは、有り得ない。

☞ 「名詞」の働きについては、**5** 事物を表す言葉：「名詞」（pp. 27～32）で詳しく説明します。

---

5 ポイントチェック 1つの〈主語〉に対して2つ以上の「動詞」や「助動詞」が連続して用いられることは、有り得ない。

☞ 「連続して」という点に注意！

6 ポイントチェック 〈文〉の途中に"主語＋動詞"が単独で使われている場合は、その直前に that を補って考える。

☞ (1) 〈文〉の途中に"主語＋動詞"を使いたければ、必ず、その（主語の）直前には「接続詞」か「関係詞」を置かなくてはなりません。

にも拘らず"主語＋動詞"が文中に単独で使われている時、「これは おかしいぞ」と思えるかどうかが、"that 構文"克服の分かれ目になります。

(2) that ではなくて、「関係副詞」の when / why / how の場合も有ります。

「関係副詞」については、**56**「関係副詞」(pp. 271～275)で詳しく説明します。

〈基本編〉

1 〈語〉

基本編

〈語〉とは、《単語1つ》を意味します。

〈単語〉とは、辞書を引く時の〈見出し語〉のことです。

例えば、I went to a department store yesterday with my younger sister to buy a birthday present for our mother. には、I｜went｜to｜a｜department｜store｜yesterday｜with｜my｜younger｜sister｜to｜buy｜a｜birthday｜present｜for｜our｜mother の 19 語（= 19 単語）が使われています。

しかし、「**連成名詞**」は「名詞」1 語と同じと考えます。

「**連成名詞**」とは、「冠詞」（= **a, an, the**）から「名詞」までと「**形容詞**」から「名詞」までの部分を意味します。つまり、a department store, my younger sister, a birthday present, our mother は「連成名詞」です。

上記の英文は、本来ならば 19 単語 使われていますが、「**連成名詞**」は **1 語扱い**ですから、I｜went｜to｜a department store｜yesterday｜with｜my younger sister｜to｜buy｜a birthday present｜for｜our mother の 12 語になりました。

〈語〉に区分することが出来れば、「大原則」**2** (p.10) に従って、① I　② our mother　③ for　④ a birthday present　⑤ buy・・・⑫ went と、〈主語〉を訳した後、文末から前へと訳していけば宜いわけです。

注意しましょう！！

　英文を和訳する場合、「大原則」2 (1) (p. 10) に在るように、「先ず〈主語〉を訳し、その後、文末から前へと順に訳していく」ことになっていますが、「連成名詞」の部分は、前から後ろへ訳していきます。

☞　とても重要なことです。必ず憶えて下さい！

　　(cf. my・friend's・book
　　　「私の・友達の・本」
　　　the・two・lovely・little・white・dogs
　　　「その・2匹の・可愛らしい・
　　　　　　　小さな・白い・犬」)

cf. とは、「以下を参考にして下さい／以下の箇所を参照して下さい」という意味です。

2 〈句〉

〈句〉とは、《2語以上から成る、意味を為す纏まり》です。

〈語〉の説明の中で使った例文は、12語に分けることが出来ましたよね。(cf. p.14)

I(＝私は)は、それだけで意味が通じます。同様に、went(＝行った)も、それだけで意味を為します。ところが、to は、それだけでは意味を為しませんし、直後に「名詞」が使われるか〈動詞の原形〉が使われるかによって、to の訳し方が異なってくるのです。

つまり、「意味を為す」という条件を付けるならば、to だけを単独で使うことは出来ないわけです。to a department store (＝デパートに)となって初めて意味が通じるようになります。

to a department store は、to｜a department store の2語から成り立っており、しかも、意味を為していますから、〈句〉と言えます。

to は、品詞名で言うと「前置詞」です。to a department store は**「前置詞」で始まる句**ですから、〈**前置詞句**〉と言えます。

> 「前置詞」とは、above, at, below, by, for, in, on, over, till, to, under, with, without などです。

　同様の考え方をして、with も for も、それらだけでは意味を成しません。それぞれ、with my younger sister（＝妹と一緒に）、for our mother（＝母に）の形でないと意味が通じません。そして、どちらも、with｜my younger sister、for｜our mother と 2 語から成り立っていますから、これらも又、〈句〉であり、〈前置詞で始まる句〉ですから、〈前置詞句〉です。

　尚、went to a department store（＝デパートに行った）も 2 語以上から成り立ち（went｜to｜a department store）、意味を為すので、〈句〉と言えます。

> 「動詞」で始まる句だから、〈動詞句〉と言うんだよ！

> 〈句〉は、2 語以上から成り立っていますから、「大原則」2 (p. 10) に従って、後ろから前へと訳していきます。
> 　〈句〉には、〈主語〉は在りません。

3 | 〈文〉〈文章〉

> 〈文〉とは、〈主語〉と「述語動詞」から成り立つものです。

☞ 「述語動詞」という言葉に注意！「述語動詞」とは、〈文〉の〈主語〉に対する「動詞」という意味です。

　簡単な言い方をするならば、〈文〉とは、「始まりから終止符（＝「．」）まで」・「始まりから感嘆符（＝「！」）まで」・「始まりから疑問符（＝「？」）まで」の ｛ひと纏まり｝、ということです。

☞ 《命令文》には〈主語〉は在りません。《命令文》以外でも、〈主語〉や「述語動詞」が省略される場合が在ります。

> 〈文章〉とは、2つ以上の〈文〉から成り立つものです。

　つまり、《「始まりから終止符まで」・「始まりから感嘆符まで」・「始まりから疑問符まで」の ｛ひと纏まり｝ が2つ以上　合わさったもの》ということです。

4 動作を表す言葉:「動詞」

「動詞」とは、《動作を表す言葉》です。

☞ 例えば、「歩く」「走る」「飛ぶ」「食べる」「飲む」「見る」「笑う」「泣く」などです。

「動詞」は、2つの区別方法によって、それぞれ大きく2種類に分類することが出来ます。

1つは、「be 動詞」と「一般動詞」に分ける方法。もう1つは、「他動詞」と「自動詞」に分ける方法です。

動詞の区別方法

1 「be 動詞」と「一般動詞」に区別する場合

(1)「be 動詞」は次の **7** 語しか在りません。
- **be**（原形）
- **am are is**（現在形）
- **was were**（過去形）
- **been**（過去分詞形）

☞ 「be 動詞」の和訳としては、次の **2 種類 4 通り**（3 種類 5 通り）を憶えるだけで充分です。

・居_いる／在_ある

・です／である

＊になる

(2)「一般動詞」とは、上記7語の「**be動詞**」以外の総ての「動詞」の
ことです。

---

2 「他動詞」と「自動詞」に区別する場合

---

(1)「**他動詞**」(⇒「他動詞」は、英和辞典を引くと、単語の後に〔vt〕、
或いは、〔他〕と記載されています)

先ずは、次の2つの文を訳してみて下さい。

(a) I buy a book.　　　　(b) I meet Bill.

(a) の文はI｜buy｜a book、(b) の文はI｜meet｜Billと分
けることが出来ますから、「大原則」 **2** (1)(p. 10)に従って、(a)
私は、本を買います　(b) 私は、ビルに会います　と訳せますよ
ね。

では、buyとmeetに対応する和訳は何でしょう。

buyは「を買う」、meetは「に会う」であるということが判りま
すね。

buyの場合、「何」を買うのか(＝目的物)が示されていないと、
又、meetの場合、「誰」に会うのか(＝目的人物)が示されていな
いと、それぞれ意味を為さないということが お解_{わか}り戴けますか？

〈目的物〉と〈目的人物〉、この2つの言葉に共通しているのが
〈目的〉という言葉です。

これらは〈**目的**〉を表す語ですから、〈**目的語**〉と呼ばれます。

そして、〈目的語〉が無いと意味を為さない（＝使えない）「動詞」を「他動詞」と呼びます。

　つまり、「他動詞」を使う場合には、必ず、それに対する〈目的語〉が必要だということです（「大原則」 3 (p.11)）。

「前置詞」を使う時も、〈目的語〉を必要とします。（「大原則」 3 (p.11)）
　そして、〈目的語〉は通常、「他動詞」や「前置詞」の直後に置かれます。

《他動詞＋目的語》と《前置詞＋目的語》は{ひと纏まり}、と考えると良いでしょう。
　しかし、これらは〈語〉ではなくて〈句〉ですから、後ろから前へと訳します。

＊「他動詞」に関しては、次の２つのことが言えます。
　① 訳した時、『を』か『に』を「動詞」の訳に含む。
　② 《主語＋動詞＋名詞》の語順の時、"主語≠名詞"の関係に在る。

①と②の**両方**に当て嵌まらないとダメなんだよ！

(2)「**自動詞**」(⇒「自動詞」は、英和辞典を引くと、単語の後に［vi］、或いは、［自］と記載されています)

「自動詞」とは、「他動詞」以外の総ての「動詞」のことで、「**be 動詞**」も「自動詞」です。

【註】上記（1）の①②と較べてみて下さい。

・I am a student.（am ＝ be 動詞 ＝「自動詞」）

⇒《主語＋動詞＋名詞》の語順ですが、"主語＝名詞"の関係に在ります。

・I become a teacher.（become ＝「自動詞」）

⇒《主語＋動詞＋名詞》の語順であり、「動詞」の和訳（＝ になる）に『に』を含みますが、"主語＝名詞"の関係に在ります。

〈知っ得 情報！〉
―「動詞」の〈形〉―

基本編

　「動詞」には、〈原形〉〈現在形〉〈過去形〉〈過去分詞形〉の４つの形が在ります。

(1)　〈原形〉が使われるのは、次の **4つの場合**しか在りません。そして、「**動詞**」の原形は、「**〜する**」と訳します。

　　①「**助動詞**」と**併用**される場合

　　　☞　「**助動詞**」とは、will (pp. 127~129) , must (pp. 130~131) , can (pp. 132~133) , may（pp. 134~135）, need (pp. 136~138) 、などです。

　　②〈**命令文**〉（pp. 64~65）の**文頭**に使われる場合

　　　　【註】《命令文》の場合は、「（〜し）なさい」と訳します。

　　③《**to 不定詞**》の場合（pp. 110~117）

　　④《**原形不定詞**》の場合（pp. 147~149）

(2)　〈**現在形**〉は、**現在の行為**を表す場合に使われます。「**〜する**」と訳します。

(3)　〈**過去形**〉は、**過去の行為**を表す場合に使われます。「**〜した**」と訳します。

　　＊**規則的な変化**をする「**動詞**」は語尾に **ed** が付いています。

(4)　〈**過去分詞形**〉は、《**完了形構文**》でしか使われません。

　　　　　　　　　　　　　　（cf. pp. 168~171, 174~181）

　　訳し方は、それぞれの《完了形》の〈用法〉に応じて異なります。

　　＊**規則的な変化**をする「動詞」は語尾に **ed** が付いています。

　　＊《**完了形構文**》とは、簡単に言えば、《**have / has / had ＋過去分詞形**》の形を採る構文です。

23

基本編

―――― 〈 練習問題：「動詞」の区別 〉 ――――

1. smile は、「be 動詞」「一般動詞」の どちらですか。なぜ そのように 言えますか。

2. She came to my house yesterday. の came は、「他動詞」「自動詞」の どちらですか。なぜ そのように 言えますか。

3. I run a bookshop. の run は、「他動詞」「自動詞」の どちらですか。なぜ そのように 言えますか。

4. I will go to the Ueno Zoo tomorrow. の go は、〈原形〉〈現在形〉の どちらですか。なぜ そのように 言えますか。

5. I eat breakfast at seven o'clock. の eat は、〈原形〉〈現在形〉の どちらですか。なぜ そのように 言えますか。
又、「他動詞」「自動詞」のどちらですか。

―――― 〈 解説と解答 〉 ――――

1. 「一般動詞」。その理由は、「be 動詞」ではないから。

質問！　では、なぜ「be 動詞」ではないと言えるのでしょうか？

⇒ smile は「be 動詞」7 語の中には 無いからです。

2. 「自動詞」

came の直後に在る語 to は「名詞」ではありません（⇒ my

24

house（=「名詞」）は、came の直後ではなくて、2 語 後ろに置かれています）。

　　＊「他動詞」は、通常、（直）後に〈目的語〉に当たる「名詞」を必要とするのでしたよね。(cf. pp. 11, 21)

　又、この文を語に分けると、She｜came｜to｜my｜house｜yesterday となります。　それぞれの部分を和訳すると、「彼女は｜来ました｜に｜私の家｜昨日」で、came には「来ました」が対応します。

　「動詞」の和訳に『に』は含まれていませんから、「自動詞」です。(p. 21 **2** の(1)の＊①)

「に」は to に対応する言葉なんだよ！

3.「他動詞」

　　run の直後には〈目的語〉に当たる「名詞」（= a bookshop）が置かれています。

　　　【註】run は、「を経営する」という意味です。

　　I run fast. の場合の run は、直後に〈目的語〉に当たる「名詞」が在りませんから、「自動詞」です。

　　　【註】fast は「副詞」です。run は、「走る」という意味です。

4.「助動詞」と併用されている（= will go）ので、〈原形〉です。

　　　　　　　　　　　　　　　　　　　　　　(cf. p. 23 (1) ①)

5.〈原形〉を使うべき 4 つの条件（p. 23 (1)）に当て嵌まらないので、〈現在形〉です。

25

又、eat の直後には〈目的語〉に当たる「名詞」（＝ breakfast）が在りますから、「他動詞」です。

(cf. eat［vt］「を食べる」　；［vi］「ものを食べる／食事をする」

drink［vt］「を飲む」；［vi］「飲み物を飲む」

read［vt］「を読む」　；［vi］「読書をする」

write［vt］「を書く」；［vi］「手紙を書く」)

5　事物を表す言葉：「名詞」

「名詞」とは、《物や事柄を表す言葉》です。

☞　例えば、「果物」「野菜」「魚」「机」「空」「愛」「憎しみ」「知識」「寒さ」「優しさ」などです。

「名詞」は、英和辞典を引くと、単語の後に [n] 又は [名] と記載されています。その後には、Ⓤ 又は Ⓒ の表記が在りますが、Uとは「不加算名詞（＝ 数えることが出来ない事物を表す「名詞」）」、C とは「可算名詞（＝ 数えることが出来る事物を表す「名詞」）」の意味です。

「名詞」には、**4つの働き**が在ります。〈働き〉と、それぞれの働きの場合の〈語順・条件〉を憶えましょう。

1　〈主語〉になる

☞　「名詞」が〈主語〉になる場合には、**通常は文頭か節頭**に在り、**後ろに対応する**「動詞」が使われています。

My brother is a doctor.
　私の兄は、医者です。
　〈なっとく！ 考え方〉

My brother（＝ 連成名詞）は、《三人称 単数》の「名詞」です。《三人称 単数》の「名詞」に対して用いることが出来る「be 動詞」は is（＝ 現在形）か was（＝ 過去形）ですから、is は My brother に対応していると言えます。

対応する「動詞」が（直）後に置かれていますから、My brother は〈主語〉だと言えます。

単数（＝ 1つの もの）を表す**英単語**（名詞）の中で、《一人称 単数》は"**I**"だけ、《二人称 単数》は"**you**"だけで、それ以外のものは総て《三人称 単数》です。

注意しましょう！！

「私」は《一人称 単数》ではありません。

「私」は「私」であって、"**I**"ではありませんし"**you**"でもありませんから、《三人称 単数》です。

英語で表した形で考えるというのが重要なのです。

複数（＝ 2つ以上のもの）を表す**英単語**（名詞）の中で、《一人称 複数》は"**we**"だけ、《二人称 複数》は"**you**"だけで、それ以外のものは総て《三人称 複数》です。

He likes apples.
彼は、林檎(りんご)が好きです。
〈なっとく！考え方〉

He は《三人称 単数》の「代名詞」で〈主格〉です。〈主格〉は〈主語〉になります。（cf. p. 35 **1** の (1)）

直後に使われている「動詞」には《三単現の s》が付いていますから、likes は He に対応していると言えます。

対応する「動詞」が（直）後に置かれていますから、He は〈主語〉だと言えます。

《三単現の s》とは、「〈主語〉が《三人称 単数》で、〈主語〉に対する「動詞」の時制が**現在形の**時、その「動詞」の語尾に付ける **s**」のことです。

2 〈目的語〉になる

☞ 「名詞」が〈目的語〉になる場合には、(1)「他動詞」の（直）後か、(2)「前置詞」の（直）後に置かれます。

(cf.「大原則」 **3** (p. 11)、p. 21)

I bought a book yesterday.
私は、昨日、本を買いました。
〈なっとく！考え方〉

bought（＝を買った）は「他動詞」です。a book は、「他動詞」

29

の直後に置かれている「名詞」ですから〈目的語〉だと言えます。

I went to the zoo with my father yesterday.

私は、昨日、父と一緒に動物園に行きました。

〈なっとく！考え方〉

　　to（＝に）は、「前置詞」です。the zoo は、「前置詞」の直後に置かれている「名詞」ですから〈目的語〉だと言えます。

　　又、with（＝と一緒に）は、「前置詞」です。my father は、「前置詞」の直後に置かれている「名詞」ですから〈目的語〉だと言えます。

3　〈補語〉になる

☞　「名詞」が〈補語〉になる場合には、(1)「**自動詞**」の（直）後か、(2)〈**目的語**〉の（直）後 に置かれます。

My father is a teacher.

私の父は、教師です。

〈なっとく！考え方〉

　　a teatcher は、is（＝be動詞＝自動詞）の直後に置かれている「名詞」ですから〈補語〉だと言えます。

My sister became a designer.

私の姉は、デザイナーになりました。

〈なっとく！考え方〉

　　became（＝になった）は「自動詞」です。a designer は、「自

動詞」の直後に置かれている「名詞」ですから〈補語〉だと言えます。

2つの文とも、"主語＋動詞＋名詞"の語順で、"主語＝名詞"の関係に在ることに注意して下さい。
　　(cf.「他動詞」の第2条件
　　　　　　(p. 21 **2** の (1) の ＊②))

〈主語〉と等しい関係に在る〈補語〉ですから〈主格 補語〉と言います。

They call me Markun.

彼らは、私をマー君と呼びます。

〈なっとく！考え方〉

　　me は、「他動詞」(＝call) の直後に使われている「名詞」ですから〈目的語〉です。⇒「代名詞」の〈目的格〉だから〈目的語〉だ、という説明も可能です。(cf. p. 35 **3** の(1))

　　〈目的語〉の後ろに置かれて、〈目的語と等しい関係に在る〉(⇒ 私 ＝マー君) から〈補語〉だと言えます。

〈目的語〉と等しい関係に在る〈補語〉ですから〈目的格 補語〉と言います

(cf. 34～38「動詞」を使った構文（1）～（5）
(pp. 147～164))

4 〈修飾語〉（「形容詞」）になる

☞ 「名詞」が 2 語以上連続して使われている場合、最後の「名詞」のみが「名詞」の働きをし、それ以外の「名詞」は「形容詞」の働きをします。

(cf. a silver coin　銀の硬貨
　　a school library　学校の図書館
　　a reference book　参考（にするため）の本（＝参考書））

〈知っ得 情報！〉
―〈文〉の要素―

　英文に於ける《4要素》とは、〈主語〉・「（述語）動詞」・〈目的語〉・〈補語〉の4つです。そして、本文中で説明したように、「（述語）動詞」を除く3つの要素には「名詞」がなるわけです。

　「名詞」と「動詞」の重要性がお解り戴けましたか？言い換えれば、「名詞」と「動詞」の働きさえ理解できれば、それで、英語の9割以上は克服したことになります。

　《4要素》以外の働きとして〈修飾語〉が在ります。

　英文法では、〈主語〉をＳ、「（述語）動詞」をＶ、〈目的語〉をＯ、〈補語〉をＣ、そして、〈修飾語〉をＭと表記します。

基本編

6 「名詞」の代わりをする言葉：「代名詞」

基本編

> 「代名詞」とは、《名詞の代わりをする言葉》、或いは、《既に出て来た名詞を指す言葉》です。

☞ 「私（たち）」・「あなた（たち）」・「彼女（たち）」・「彼（ら）」・「それ（ら）」・「これ（ら）」・「あれ（ら）」などです。

以下は、「代名詞」の一覧表です。是非、憶えて下さい。

			主格 (は；が)	所有格 (の)	目的格
単数	1人称	私	I	my	me
	2人称	あなた	you	your	you
	3人称	彼女	she	her	her
		彼	he	his	him
		それ	it	its	it
		これ	this		this
		あれ	that		that
複数	1人称	私たち	we	our	us
	2人称	あなたたち	you	your	you
	3人称	彼女ら	they	their	them
		彼ら			
		それら			
		これら	these		these
		あれら	those		those

34

〈知っ得 情報！〉
―〈格〉について―

1（1）〈**主格**〉とは、〈**主語**〉の**働き**をする言葉です。

　　　【註】〈補語〉になる場合も有ります。（cf. It is I.）

　（2）〈**主格**〉を**訳す**時には、**語尾**に「**は**」か「**が**」を付けます。

　　　【註】〈補語〉を訳す時には、語尾には何も付けません。

　　　　　　　　（cf. It ｜ is ｜ I.　　それは ｜ です ｜ 私）

2（1）〈**所有格**〉とは〈**所有**〉**を表す**言葉で、**訳す**時には、**語尾**に「**の**」を付けます。

　（2）〈**所有格**〉は「**形容詞**」の**働き**をして、**後ろ**の「**名詞**」に掛かっていきます。

　　　　　（cf. my book　「私の → 本」

　　　　　　　her father's car　「彼女の → お父さん・の → 車」

　　　　　　　his old house　「彼の → 家」

　　　　　　　☞ old（古い）は「形容詞」で、house を修飾しています。

3（1）〈**目的格**〉とは、〈**目的語**〉の**働き**をする言葉です。

　（2）〈**目的格**〉を**訳す**時には、**語尾**には何も付きません。

　　　【註】殆ど総ての参考書では、「〈目的語〉を訳す時には『を』か『に』を付ける」としていますが、それは誤りです。以下の各文を参考にして下さい。

　　　　　・I ｜ love ｜ Tom.

　　　　　　私は ｜ を愛しています ｜ トム

　　　　　・I ｜ love ｜ her.

　　　　　　私は ｜ を愛しています ｜ 彼女

基本編

35

・I ｜ gave ｜ a book ｜ to ｜ my brother.
　私は｜をあげました｜本｜に｜弟
・I ｜ gave ｜ a book ｜ to ｜ him.
　私は｜をあげました｜本｜に｜彼

和訳した時に『を』や『に』を含むのは、「動詞」や「前置詞」なのです。

7 性質・様子・状態・程度 を表す言葉（1）：「形容詞」

「形容詞」とは、《人や動植物や事物の性質・様子・状態・程度 を表す言葉》のことです。

☞ 「親切な」「静かな」「美しい」「醜い」「暑い」「寒い」「早い」「遅い」などです。

日本語の語尾に「な」或いは「い」が付きますから、「〈な・い〉形容詞」と憶えると、簡単では？

「形容詞」には、**2つの働き**が在ります。その働きを憶えましょう。

1　後ろに置かれた「名詞」を修飾する

☞ 「修飾」とは、《性質・様子・状態・程度を詳しく説明すること》です。

37

He has a white dog.

彼は、白い犬を飼っています。

〈なっとく！考え方〉

white（＝白い）は dog（＝犬）の様子を説明していますね。

☞ 《「冠詞」から「名詞」》までの部分は「連成名詞」ですから、前から後ろへと訳します。

(cf. p. 15 注意しましょう！！)

注意しましょう！

---thing の形を取る「名詞」（＝ something, anything, nothing など）を修飾する場合には、「形容詞」は「名詞」の直後に置きます。

和訳する場合は、〈形容詞→名詞〉と後ろから前に戻ります。

・something delicious

　　（美味しい何か ⇒ 何か美味しい物）

・something dangerous

　　（危険な何か ⇒ 何か危険なもの）

2 〈補語〉（C）になる

☞ 「形容詞」が〈補語〉になる場合には、(1)「**自動詞**」の後に置かれるか、(2)〈**目的語**〉の後に置かれます。

(1) ① **My mother is beautiful.**

　　私の母は、美しい。

　　〈なっとく！ 考え方〉

　　　beautiful は、is（＝ be 動詞＝自動詞）の後ろに置かれていますね。

"主語（＝ My mother）＝ beautiful" の関係に在りますから、beautiful は〈主格 補語〉です。
(cf. p. 31)

② **This fruit tastes sour.**

　　この果物は、酸っぱい味がします。

　　〈なっとく！ 考え方〉

　　　sour は、tastes（＝自動詞）の後ろに置かれていますね。

"主語（＝ This fruit）＝ sour" の関係に在りますから、sour は〈主格 補語〉です。

(2) **I found this book interesting.**

　　私は、この本が面白いということが解りました。

〈なっとく！考え方〉

　　found は「他動詞」で、this book は「他動詞」の後ろに置かれている「名詞」ですから〈目的語〉です。

〈目的語 (this book) = interesing〉の関係が成り立ちますから、interesting は〈目的格 補語〉です。
(cf. p. 32、34～38「動詞」を使った構文 (1)～(5) (pp. 147～164))

8 性質・様子・状態・程度 を表す言葉 (2)：「副詞」

基本編

> 「副詞」とは、《動作の様子・程度や事物の性質・様子・状態・程度を更に詳しく説明する言葉》です。

☞ 「個人的に」「一般的に」「国際的に」「静かに」「忙しく」「早く」「遅く」などです。

日本語の語尾に「に」或いは「く」が付きますから、「〈に・く〉副詞」と憶えると、簡単ですよ！ (cf. p. 37)

「副詞」には、**3**つの働きが在ります。その働きを憶えましょう。

1 動詞を修飾する

☞ 訳す時は、〈副詞 → 動詞〉の順序で行ないます。

41

I ran fast.

私は、速く走りました。

〈なっとく！考え方〉

　　fast（＝速く）は ran（＝走った ＝「動詞」）の程度を説明しています。

He suddenly stopped.

彼は、突然 止まりました。

〈なっとく！考え方〉

　　suddenly（＝突然）は stopped（＝止まった ＝「動詞」）の様子・程度を説明しています。

2　形容詞を修飾する

☞　「副詞＋形容詞」を ¦ひと纏^{まと}まり¦ として、**訳す時**は、〈**副詞 → 形容詞**〉**の順序**で行ないます。

That mountain is very high.

あの山は、とても高いです。

〈なっとく！考え方〉

　　very（＝とても）は high（＝高い ＝「形容詞」）の程度を説明しています。

She is incredibly honest.

彼女は、信じられないほど正直です。

〈なっとく！考え方〉

incredibly（＝信じられないほど）は honest（＝正直な）の
程度を説明しています。

3　副詞を修飾する

☞　「副詞＋副詞」を¦ひと纏まり¦として、**訳す時**は、〈**前の副詞**
→ 後ろの副詞〉の**順序**で行ないます。

He ran very fast.

　彼は、とても速く走りました。

　〈**なっとく！考え方**〉

　　　very（＝とても）は fast（＝速く ＝「副詞」）の程度を説明し
　　ています。

She stopped quite suddenly.

　彼女は、全く突然に立ち止まりました。

　〈**なっとく！考え方**〉

　　　quite（＝全く）は suddenly（＝突然に）の程度を説明して
　　います。

43

9 頻度を表す「副詞」

「**頻度を表す副詞**」は、主語の次に訳すんでしたよね。

(cf.「大原則」 **2** の〈例外〉(2)（p. 11））

「**頻度を表す副詞**」とは、次のような語です。

・**always**（**いつも／常に**）

I always read a newspaper before breakfast.

私は、いつも、朝食前に新聞を読みます。

① I　② always　③ breakfast　④ before　⑤ a newspaper
⑥ read

・**often**（**屡々**）

She often asks a question in class.

彼女は、屡々、授業中に質問をします。

・**usually**（**普通は／通常は**）

I usually go to school by bicycle.

私は、通常は、自転車で通学します。

・**sometimes**（**時々**）

My father sometimes goes to Italy on business.

父は、時々、仕事でイタリアに行きます。

・**seldom**（**滅多に〜ない**）

He seldom watches television.

彼は、滅多にテレビを見ません。

・**never**（**決して〜ない**）

She never speaks ill of others.

彼女は、決して他人の悪口を言いません。

〈知っ得 情報！〉
—always と usually—

基本編

　always は「例外無く、いつも」の意味で、usually は「時には、条件次第では例外も有り得るが、特別な条件に当て嵌（は）まらない時には」の意味です。

　例えば、I always go to school by bicycle. と I usually go to school by bicycle. とを較べてみると、always の場合は、「雨が降ろうが雪が降ろうが、人間が降って来ようが、或いは、大地震で大地が裂けようが、とにかく自転車で行く」ということであり、usually の場合は、「自転車では行けない、或いは、自転車では行きたくない、という時には自転車は使わないが、そうではない、特別な理由・事情が無い限りは自転車で行く」という意味です。

45

10　「疑問詞」

> 「疑問詞」とは、《疑問を表わす時に用いる言葉》です。

☞　「**疑問詞**」は、〈**主語**〉の次に訳すのでしたね。

（cf.「大原則」**2** の〈例外〉（3）（p. 11））

「疑問詞」とは、次のような語です。

・**how**（どんなふうに（して））

　　How did you solve the problem ?

　　　あなたは、どんなふうにして その問題を解決したのですか。

・**what**（何／何が／何の／どんな）

　　What did you do the day before yesterday ?

　　　あなたは、一昨日、何をしましたか。

　　　　☞ What は do（＝「他動詞」）の〈目的語〉です。

　　What happened in your school ?

　　　何が、あなたの学校で起こったのですか。

　　　　☞ What は〈主語〉です。

　　What sport do you like ?

　　　あなたは、どんなスポーツが好きですか。

　　　　☞ What sport は、like（＝「他動詞」）の〈目的語〉です。

- **when**（いつ）

  When did you see the film ?

  　あなたは、いつ、その映画を見ましたか。

  　　① you　② when　③ the film　④ see　⑤ did ?

- **where**（どこへ／どこに／どこで）

  Where did you go yesterday ?

  　あなたは、昨日、どこへ行ったのですか。

  Where does your bother live ?

  　あなたのお兄さんは、どこに住んでいるのですか。

  Where did you buy the T-shirt ?

  　あなたは、どこで そのTシャツを買ったのですか。

- **which**（どれ／どちら／どの／どちらの）

  Which are your shoes ?

  　あなたの靴は、どれですか。

  Which of these bags do you want ?

  　あなたは、これらのバッグの中で どれを欲(ほ)しいですか。

  Which car is yours, this or that ?

  　どちらの車があなたの(物)ですか、これですか あれですか。

- **who**（誰／誰が）

  Who is that woman ?

  　あの女性は、誰ですか。

  　　☞ Who は〈補語〉です。

  Who broke this vase ?

  　誰が、この花瓶を壊したのですか。

  　　☞ Who は〈主語〉です。

- **whom**（誰）

  Whom of your friends do you like best ?

47

あなたは、友達の中で誰を一番 好きですか。

・**whose**（誰の／誰の物）

Whose book is this ?

これは、誰の本ですか。

Whose is this dictionary ?

この辞書は、誰の物ですか。

・**why**（なぜ）

Why do you like melons ?

あなたは、なぜメロンを好きなのですか。

11 〈節〉

基本編

> 〈節〉とは、《「接続詞」や「関係詞」によって結ばれた〔主語＋動詞〜〕の部分》です。

☞ 〈文〉の中に2組の〔主語＋動詞〜 〕が在るとすると、それぞれの〔主語＋動詞〜〕の部分が〈節〉ということです。そして、その〈文〉は、｜2つの〈節〉｜ から成り立っている、と言えます。

「接続詞」には「**等位接続詞**」と「**従位接続詞**」が在り、「**関係詞**」には「**関係代名詞**」と「**関係副詞**」が在ります。

「等位接続詞」と「従位接続詞」については次の章で、「関係代名詞」「関係副詞」については、後ほど学習することにします。

尚、次の章からは、〔主語＋動詞〜〕は "S＋V〜" と表記することにしますから、御注意を！

49

基本編

12 「等位接続詞」

> **1** and, but, or などを「等位接続詞」と呼びます。
>
> **2** 「等位接続詞」は、「名詞と名詞」「動詞と動詞」「前置詞句と前置詞句」のように、《等しい性質を持つ2つ以上の 語と語・句と句・文と文・節と節 とを結ぶ語》です。
>
> **3** 3つ以上のものを結ぶ場合は、最後の2つの間にのみ「等位接続詞」を使います。
>
> (cf. A but B , A, B and C , A, B, C or D)

《重要》

(1) 「等位接続詞」で結ばれた部分は ┊ひと纏まり┊ と考えます。

(2) **前の部分**（＝┊纏まり┊）**から後ろの部分**（＝┊纏まり┊）**へと訳し**ていきます。

> 【註】前から後ろへ、ではありませんよ！

(3) 「等位接続詞」の直後が〈後の部分の始まり〉です。

(4) 「等位接続詞」の直前が〈前の部分の終わり〉です。

(a) **I like apples and melons.**

　　私は、林檎とメロンが好きです。

　　〈なっとく！ 考え方〉

50

and の直後が"A and B"の B の始まりです（cf. 上記《**重要**》(3)）。B（＝melons）は「名詞」ですから、B に対応する A も「名詞」でなくてはなりません。

又、and の直前が"A and B"の A の終わりです（cf. 上記《**重要**》(4)）から、A の終わりは apples です。

and から 1 語ずつ前に遡って行くと、最初の「名詞」は apples ですから、A（の部分の始まり）は apples であると考えられます。

つまり、この文は大きく 3 つの部分に分けられるわけです（⇒ I ｜ like ｜ apples and melons）。

① I 、② apples and melons 、③ like の順で訳し、更に、② apples and melons は、前の部分から後ろの部分へと訳さなくてはなりません（⇒ 林檎・そして・メロン）。

（cf. 上記《**重要**》の (2)）

(b) I went to the Ueno Zoo yesterday and saw pandas.

私は、昨日上野動物園に行ってパンダを見ました。

〈**なっとく！考え方**〉

and の直後は saw（＝「動詞」）ですから、B に対応する A も「動詞」で始まっていなくてはなりません。

and から 1 語ずつ前に遡って行くと、最初の「動詞」は went ですから、A（の部分）の始まりは went であると考えられます。又、A の終わりは yesterday です。

B の部分は、saw pandas です。

この文は、I ｜ went ... pandas と大きく 2 つの部分に分けられます。

went ... pandas の部分は更に、went ... yesterday ｜ and

51

｜saw pandas と 3 つに分けられます。

　went to the Ueno Zoo yesterday は〈句〉ですから、後ろから ① yesterday　② the Ueno Zoo　③ to　④ went の順序で前へと訳します。

　saw pandas の部分も同じく、① pandas　② saw と後ろから前に訳します。

(c)　**I visited London but I did not go to the British Museum.**

　私は、ロンドンを訪れました。しかし、（私は）大英博物館には行きませんでした。

　〈**なっとく！考え方**〉

　　but の直後（＝ B の部分）は〈節〉（＝ I did not go）ですから、A の部分も〈節〉でなくてはなりません。

　　but から 1 語ずつ前に遡って行くと、最初の S ＋ V は I visited ですから、A の部分の始まりは I であると考えられます。又、A の部分の終わりは London（＝ but の直前）です。

　　この文は、"〈節〉but〈節〉"の大きな 1 つの纏まりです。

　　A の部分も B の部分も〈節〉ですから、「大原則」の 2 （cf. p.10）に従って訳していきます。

52

〈知っ得 情報！〉
―「等位接続詞」と省略―

【註】この〈知っ得 情報！〉は、〈that を使った構文〉と「関係副詞」を学習し終えた後に読んで下さい。

《関係代名詞・目的格》や《接続詞の that》（〈主語〉になる場合は除く）、「関係副詞」（where は除く）などは省略することが出来ますが、それらが「等位接続詞」に続く場合は、省略することが出来ません。次の２つの文を較べてみて下さい。

(a) **He said that he would go to Dublin in Ireland next month but he would not visit his friend living there.**

彼は、来月 アイルランドのダブリンに行くつもりだと言いました。しかし、彼は、そこに住んでいる友人を訪ねて行くつもりは有りませんでした。

(b) **He said that he would go to Dublin in Ireland next month but that he would not visit his friend living there.**

彼は、来月 アイルランドのダブリンに行くつもりだ、しかし、そこに住んでいる友人を訪ねて行くつもりは無い、と言いました。

(a) の文では、but は、He said ... next month と he would ... living

53

there とを結んでいますが、(b) の文では、that he would go ... next month と that he would ... living there とを結んでいます。

　長い文を和訳・読解する力を付けるためには〈文〉の構造を理解する必要が有りますが、〈文〉の構造を理解するには、「**等位接続詞**」は、「**分詞**」（＝「**現在分詞**」「**過去分詞**」）や《**that 構文**》と並んで、**非常に重要な**ものです。

13 「従位接続詞」

「従位接続詞」とは、《〔S + V〜〕と〔S + V〜〕とを結ぶ働きをする語》です。

☞ 「従位接続詞」（や「関係詞」）が先頭に付いている〈節〉（S + V 〜）を〈従属節〉、付いていない〈節〉を〈主節〉と呼びます。

〈従属節〉は｛ひと纏まり｝と考えます。
又、通常は〈従属節〉から訳します。

「従位接続詞」とは、以下のような語です。

・**after**（後に／後で）

After she came to my house, we went to school together.
彼女が私の家に来た後で、私たちは、一緒に学校へ行きました。
（＝ We went to school together after she came to my house.）
〈なっとく！考え方〉
〈従属節は｛ひと纏まり｝〉と考えますから、先ずは、①
After ... house ② we ③ together ④ school ⑤ to ⑥

55

went　の順序です。

　　　次に、〈従属節〉だけを見ると、訳す順序は、① she

② my house　③ came　④ after となります。

・as　（ cf. **60** （pp.298 **2** ～ 301））

・as soon as（と直ぐに）

　As soon as he went to bed, he fell into asleep.

　彼は、寝床に入ると直ぐに、寝入ってしまいました。

　（＝ He fell into asleep as soon as he went to bed. ）

・because（ので）

　Because I got up late, I missed the train.

　私は、遅く起床したので、その電車に乗ることが出来ません

でした。

　　☞　I missed the train because I got up late. の場合も訳し方

　　　（訳す順序）は同じですが、I missed the train, because I got

　　　up late. の形だと、「私はその電車に乗ることが出来なかっ

　　　た、**と言うのは**、遅く起床した**から**です」と訳します。

・before（前に）

　Before she watched television, she finished her homework.

　彼女は、テレビを見る前に宿題を終えました。

　（＝ She finished her homework before she watched television. ）

・once（いったん （～ する） と）

　Once you have made a promise, you should keep it.

　いったん約束したら、その約束を守るべきです。

　（＝ You should keep it once you have made a promise. ）

　　　　　【註】once には、「従位接続詞」の他に「副詞」とし

　　　　　ても重要な働きが在ります。

　　　　　「副詞」の場合、〈過去時制〉では「昔（或る

時)／嘗ては」、《完了形》では「1度」(cf. p.169)
と訳します。

(cf. He was once a doctor.
彼は、嘗ては医者でした。)

・**since** （cf. **43** (pp. 182～183)）

・**though**（けれども）

Though I studied hard, I didn't pass the exam.

私は、一所懸命に勉強したけれども、その試験に合格しま
せんでした。

(＝ I didn't pass the exam though I studied hard.)

・**till (until)**（まで）

Until he arrived, we didn't start.

彼が到着するまで、私たちは出発しませんでした。

(＝ We didn't start until he arrived.)

・**when**（時）

When I went to the Ueno Zoo, I saw pandas.

私は、上野動物園に行った時、パンダを見ました。

(＝ I saw pandas when I went to the Ueno Zoo.)

・**while**（間に）

While my friend was in Japan, I took her many places for sight-
seeing.

友達が日本に居る間に、私は、彼女を観光のために多くの所
へ連れて行ってあげました。

(＝ I took her many places for sightseeing while my friend was
in Japan.)

14 纏めの練習問題：訳す順序と和訳

以下の各文を、訳す順序に注意して和訳しましょう。但し、命令文は在りません。又、熟語や特別な文法構文、及び、省略も使っていません。

1. I watch television every night.
2. Do you know those two boys ?
3. When did he come to Japan ?
4. Does your sister often write a letter to her friend in England ?
5. My brother doesn't study physics hard, because he doesn't like it.
6. Why does your father sometimes go to Paris ?
7. When I was a junior high school student, I belonged to a table tennis club.
8. I played tennis with my sisters after I finished my homework.
9. Though he isn't rich, he is happy.
10. She waited for me in my room until I came back.

―――――――〈 解説と解答 〉―――――――

1. 私は、毎晩テレビを見ます。
　　① I　② every night　③ television　④ watch
　　【註】every night は、"形容詞＋名詞" で「連成名詞」だよ！
2. あなたは、あれらの２人の少年を知っていますか。
　　① you　② those two boys　③ know　④ Do

【註】(1) those two boys は、"形容詞・・・名詞"で「連成名詞」だよ！

(2)《疑問文》を形成する do は、「(〜し) ますか／(〜する) のですか」と訳しましょう！

又、《否定文》を形成する don't, doesn't は「(〜し) ません」と訳します。

3. 彼は、いつ日本に来たのですか。

　① he　② when　③ Japan　④ to　⑤ come　⑥ did

【註】《疑問文》を形成する did は「(〜し) ましたか／(〜し) たのですか」と訳すんだよ！

又、《否定文》を作る didn't は「(〜し) ませんでした」と訳そう！

4. あなたの妹は、屢々<ruby>屢々<rt>しばしば</rt></ruby>イングランドに居る（彼女の）友達に手紙を書きますか。

　① your sister　② often　③ England　④ in　⑤ her friend　⑥ to
　⑦ a letter　⑧ write　⑨ Does

【註】(1) your sister と her friend は共に、"形容詞＋名詞"で「連成名詞」だよ！

(2) a letter は、"冠詞＋名詞"で「連成名詞」だよ！

(3)《疑問文》を形成する does は、「(〜し) ますか (〜する) のですか」と訳しましょう！

5. 私の弟は、熱心に物理学を勉強しません、と言うのは、彼は、それを好きでは ないからです。

　① My brother　② hard　③ physics　④ study　⑤ doesn't
　⑥ because　⑦ he　⑧ it　⑨ like　⑩ doesn't

【註】 because の前に「,」が在りますよ！ (cf. p. 56)

6. あなたの お父さんは、なぜ、時々パリに行くのですか。

59

① your father　② Why　③ sometimes　④ Paris　⑤ to　⑥ go
⑦ does

　　【註】同じ文の中に「疑問詞」と「頻度を表す副詞」が併用さ
　　　　れている場合には、どちらを先に和訳する方が より自然
　　　　な日本語になるかを考えて、和訳する順序を決めましょ
　　　　う！

7.　私は、中学生だった時、卓球部に入っていました。

　　①I　② a junior high school student　③ was　④ when　⑤ I　⑥
a table tennis club　⑦ to　⑧ belonged

　　〈なっとく！ 考え方〉

　　　　when は、I was ... student と I belonged ... club とを結ぶ「従
　　位接続詞」です。

　　　　先ずは、〈従属節〉（= when ... student）を ｛ひと纏まり｝と
　　考えて（cf. p. 55）、① when ... student　② I　③ a table
　　tennis club　④ to　⑤ belonged の順序にします。

　　　　次に、〈従属節〉の構造を見てみると、〈節〉ですから、
　　〈主語〉と「動詞」が在るでしょ！？

　　　　「〈主語〉と「動詞」から成り立つもの（=〈文〉と〈節〉）
　　は、〈主語〉を訳した後、文末から前へ順に和訳していく」
　　（「大原則」 **2** ）から、最終的には上記のような順序にな
　　るんだよ！

　　　　【註】〈主節の主語〉と〈従属節の主語〉が同じ時には、
　　　　　　〈主語〉は1度 和訳するだけで宜いでしょう。

8.　私は、宿題を終えた後で、妹たちとテニスをしました。

　　①I　② my homework　③ finished　④ after　⑤ I　⑥ my
sisters　⑦ with　⑧ tennis　⑨ played

　　〈なっとく！ 考え方〉

after は I ... sisters と I ... homework とを結ぶ「従位接続詞」です。

〈従属節（after ... homework）は｛ひと纏まり｝〉と考えます（cf. p. 55）から、先ずは、① after ... homework　② I　③ my sisters　④ with　⑤ tennis　⑥ played　　の順序にします。

その後、〈従属節〉に於ける順序を考えます。

9.　彼は、金持ちではないけれども幸せです。

　　① he　② rich　③ isn't　④ though　⑤ he　⑥ happy　⑦ is

　　　【註】though は、he isn't rich と he is happy とを結ぶ「従位接続詞」です。

10.　私が戻って来るまで、彼女は私の部屋で私を待ちました。

　　① I　② came back　③ until　④ she　⑤ my room　⑥ in　⑦ me ⑧ for　⑨ waited

　　　【註】until は、I came back と she ... my room とを結ぶ「従位接続詞」です。

〈応用編〉

応用編

15 命令文

《命令文》とは、《主語が無く、〈動詞の原形〉で始まる文》のことです。

「動詞」ではなくて〈動詞の原形〉という点が大切なんだよ！

【註】主語が無いのですから、訳す時は、〈文末から前へ〉の順序です。
（「大原則」2 の〈例外〉(1)（p.10））

1 通常の《命令文》は、「(〜し) なさい」と訳します。

・**Read this book.**

　　この本を読みなさい。

　　　① this book　② Read

・**Look at the blackboard.**

　　黒板を見なさい。

　　　① the blackboard　② at　③ Look

2 文頭に **Please**, **Don't**, **Please don't**, **Let's**, **Let's not** などが置かれた形を取るものも在ります。

・**Please** buy this book for me.

私に この本を買って**下さい**。

・**Don't** talk in a loud voice in the library.

図書館の中では、大きな声で話し**てはいけません**。

・**Please don't** walk so fast.

そんなに速く歩か**ないで下さい**。

・**Let's** play tennis after school.

放課後、テニスを**しましょう**。

・**Let's not** watch television at meals.

食事時には、テレビを見**ないでおきましょう**（見ないようにしましょう）。

3 《**命令文**》が**関係した特別な形**が在ります。英文上の構造と、その訳し方に注意しましょう。

(1) 命令文〜, **and** S + V〜　「〜**しなさい、そうすれば** S は 〜する」

　　・Walk fast, and you will catch the train.

　　　速く歩きなさい、そうすれば、その列車に乗れる（間に合う）でしょう。

　　　　① fast　② Walk　③ and　④ you　⑤ the train　⑥ catch
　　　　⑦ will

　　　　【註】　will については、25 will（pp. 127〜129）を参照して下さい。

(2) 命令文 〜, **or**　S + V〜　「〜 **しなさい、さもないと** S は 〜する」

　　・Hurry up, or you won't catch the train.

　　　急ぎなさい、さもないと、列車に間に合わないでしょう。

　　　　【註】　won't = will not

65

注意!! and, or に続くのは S + V～ですよ！

応用編

〈練習問題：命令文〉

和訳しましょう。

1. Wash your hands before you eat.

2. Stand up and read the book.

3. Let's go on a picnic next Sunday.

4. Don't play soccer in the park.

5. Please come to my house at seven o'clock.

6. Study hard, or you won't pass the exam.

7. Please don't talk loudly in the library.

8. Let's not watch television before dinner.

応用編

〈 解説と解答 〉

1. 食事を摂る前には、手を洗いなさい。

   〈なっとく！考え方〉

   (1) hands と複数形になっていますから、「両手」を意味しています。

   (2) before は Wash your hands（＝《命令文》）と you eat（S＋V（＝節））とを結んでいますから、「従位接続詞」です。Wash your hands が〈主節〉で before you eat が〈従属節〉です。

   〈従属節〉は ｜ひと纏まり｜（p. 55）で、しかも、〈従属節から訳す〉（p. 55）のですから、① before you eat ② your hands（＝ 連成名詞） ③ wash の順序で訳すことにな

67

りますよね。

　最初に訳す部分（before you eat）を見ると、"主語 + 動詞"から成り立っていますから、〈主語〉を訳した後、文末から前へ順に訳していきます。（「大原則」 2 ）

　そうすると、① you　② eat　③ before　④ your hands
⑤ wash の順で訳せば良いことが判ります。

　　　　　【註】　eat は、後ろには〈目的語〉に当たる「名詞」
　　　　　　　　　が在りませんから、この場合は「自動詞」です。

(cf. p. 21)

2. 立ち（上がり）なさい、そして、本を読みなさい。

　　〈なっとく！考え方〉

　　　　"命令文～ and 命令文～"の形ですから、and は「そして」と訳します。

　　　　① stand up　② and　③ the book　④ read

3. 今度の日曜日にピクニックに行きましょう。

　　　　① next Sunday　② go on a picnic　③ Let's

　　　　　【註】go on a picnic 「ピクニックに行く」

4. 公園でサッカーをしてはいけません。

　　　　① the park　② in　③ soccer　④ play　⑤ Don't

5. 7時に私の家に来て下さい。

　　　　① seven o'clock　② at　③ my house　④ to　⑤ come　⑥ Please

6. 一所懸命 勉強しなさい、さもないと、試験に合格しないでしょう。

　　〈なっとく！考え方〉

　　　　"命令文～, or S + V "の形ですから、or は「さもなければ」と訳します。

　　　　① hard　② Study　③ or　④ you　⑤ the exam　⑥ pass　⑦
won't

7. 図書館の中では、大声で話さないで下さい。

    ① the library ② in ③ loudly ④ talk ⑤ don't ⑥ Please

8. 夕食前にはテレビを見ないことにしましょう（見ないでおきましょう）。

    ① dinner ② before ③ television ④ watch ⑤ Let's not

応用編

16 ～ing（1）:「動名詞」

〈動詞の原形〉に **ing** が付くと、「**動名詞**」か「**現在分詞**」のどちらかになります。形の上では全く同じ（～ing）ですが、品詞が異なるわけですから、働きも訳し方も異なります。

この章では、先ず、「**動名詞**」について学習しましょう。

「**動名詞**」は、「**名詞**」と同じ **4** つの働きをします。そして、働きが決定すれば、訳し方も決定します。

1 〈主語〉の働きをする

☞ 「～ すること」と訳します。

Playing tennis is my hobby.

テニスをすることは、私の趣味です。

〈**なっとく！考え方**〉

playing の〈原形〉play（＝をする）は「他動詞」ですから、後ろに在る「名詞」（＝ tennis）は〈目的語〉です。

play tennis は、"他動詞 + 目的語" で ｛ひと纏まり｝ と考えます（p. 21）から、playing tennis も同様に ｛ひと纏まり｝ と考えます。

すると、後ろには、対応する「動詞」（＝ is）が在りますね。

ですから、Playing tennis は〈主語〉であると言えます (p. 27)。

〈主語〉の働きをする「動名詞」は「〜すること」と訳します。

Playing tennis は、2 語 (⇒ Playing ｜ tennis) に分けることが出来ますから、「テニス ｜ をすること」と後ろから前へと訳します。

2 〈目的語〉の働きをする

☞ 「〜 すること」と訳します。

I enjoyed swimming in Okinawa.

私は、沖縄で泳ぐことを愉しみました。

〈なっとく！考え方〉

swimming の直前には「他動詞」(= enjoyed) が在りますね。ですから、swimming は〈目的語〉であると言えます。(p. 29)

〈目的語〉の働きをする「動名詞」は「〜すること」と訳します。

語 に 区 切 っ て (⇒ I ｜ enjoyed ｜ swimming ｜ in ｜ Okinawa)、〈主語〉を訳した後、後ろから前へと訳します。

3 〈補語〉の働きをする

☞ 「〜 すること」と訳します。

My job is teaching English.

　私の仕事は、英語を教えることです。

　〈なっとく！ 考え方〉

　　teaching の〈原形〉teach（＝を教える）は「他動詞」ですから、後ろに在る「名詞」（＝ English）は〈目的語〉です。

　　teach English は、"他動詞＋目的語"で｛ひと纏まり｝と考えます（p. 21）から、teaching English も同様に｛ひと纏まり｝と考えます。

　　直前に is（＝ be 動詞）が在りますね。ですから、teaching English は〈補語〉であると言えます（p. 30）。

　　〈補語〉の働きをする「動名詞」は「～すること」と訳します。

　　teaching English は 2 語（⇒ teaching ｜ English）に分けることが出来ますから、「英語｜を教えること」と後ろから前へと訳します。

4　直後の「名詞」を修飾する

☞　「～するための」と訳します。

This is not a smoking area.

　ここは、タバコを吸うための区域（喫煙区域）ではありません。

　〈なっとく！ 考え方〉

　　smoking の〈原形〉smoke には、「他動詞」（＝を吸う）と「自動詞」（＝喫煙する）の 2 つの働きが在ります。しかし、「他動詞」として使うと意味を成さない（⇒「区域を吸う」の意味になる）ので、smoke は、「自動詞」であると言えます。

"自動詞 ing + 名詞 "の場合、"自動詞 ing"は直後の「名詞」を修飾します。

"自動詞 ing"が「動名詞」の場合、" 名詞 for～ing"（～する（ことの）ための 名詞 ）の形に書き換えることが可能です。

☞ for は「の ための」と訳します。

又、for ～ing の場合、～ing は「前置詞」の直後に置かれているので〈目的語〉です。〈目的語〉の働きをする ～ing は「動名詞」ですから「～すること」と訳します。（cf. p. 71）

上の例文だと、an area for smoking（タバコを吸う（ことの）ための区域）と書き換えが可能ですよね。

(cf. a camping car（= a car for camping)

　　　⇒ キャンプをする（ことの）ための車

　　　= キャンピングカー

a dining room（= a room for dining)

　　　⇒ 食事をする（ことの）ための部屋

　　　= 食堂

a parking lot（ = a lot for parking)

　　　⇒ 車を駐車する（ことの）ための場所

　　　= 駐車場

a sewing machine（= a machine for sewing)

　　　⇒ 縫い物をする（ことの）ための機械

　　　= ミシン

a sleeping bag（= a bag for sleeping)

　　　⇒ 眠る（ことの）ための袋

　　　= 寝袋)

応用編

73

～ing（2）：「現在分詞」

「現在分詞」は2つの働きをし、働きが決定すれば、訳し方も決定します。

1 直前か直後の「名詞」を修飾する

☞ 「〜している（していた）」と訳します。

(1) I know that creeping baby.

私は、這って進んでいる あの赤ん坊を知っています。

〈なっとく！考え方〉

creeping の〈原形〉creep（＝這って進む）は、「自動詞」ですから、直後の「名詞」は〈目的語〉ではありません。

"自動詞 ing ＋ 名詞 "の場合、「自動詞 ing」が「動名詞」であろうと「現在分詞」であろうと、直後の「名詞」を修飾します（cf. p. 72）。

そして、"〜ing ＋ 名詞 "の部分を" 名詞 ＝ 〜ing"（＝ 名詞 が 〜している）と解釈できれば「現在分詞」です（解釈できなければ、「動名詞」）。

上の例文ですと、baby ＝ creeping（赤ん坊が、這って進んでいる）の関係が成り立ちますよね。

【註】that creeping baby は「連成名詞」です。

(2) **I know the woman playing the piano in the restaurant yester-day.**

　　私は、昨日レストランでピアノを弾いていた女性を知っています。

　〈**なっとく！ 考え方**〉

　　　playing　の**直前**に「**名詞**」（＝ woman）が在りますね。playing the piano と woman の関係を見てみると、woman ＝ playing the piano（女性がピアノを弾いている）が成り立ちますから、playing は直前の「名詞」woman に掛かって行く「現在分詞」です。

　　　【註】特別な文法構文が使われていない場合は、〈主語〉を訳した後、文末から前へと訳していきますから、① I　② yesterday　③ the restaurant　④ in　⑤ the piano　⑥ playing　⑦ the woman　⑧ know の順序で訳します。

2　同じ文の「動詞」（相当語句）を修飾する

☞　「〜しながら」と訳します。

(1) **Talking on the mobile phone, she drove a car.**

　　携帯電話で話しながら、彼女は車を運転しました。

　〈**なっとく！ 考え方**〉

　　　Talking は文頭に置かれていますが、対応する「動詞」が後ろに使われていませんから、〈主語〉ではありません。

　　　　　（cf. pp. 27, 70；drove は、she に対する「動詞」）

応用編

75

直前に「他動詞」や「前置詞」が使われていませんから〈目的語〉でもありません（pp. 21, 71 **2**）し、直前に「be動詞」が使われていませんから〈補語〉でもありません（cf. pp. 30 **3** , 71 **3**）。

又、直後に修飾することが出来る「名詞」も使われていません。（cf. p. 72 **4**）

以上のことから、Taking は「動名詞」ではない、と言えます。

〜ing形であるのに「動名詞」ではないのですから、「現在分詞」です。

ところが、直前にも直後にも修飾することが出来る「名詞」が在りません。従って、"同じ文の「動詞」（相当語句）を修飾する"働きをしていると言えます。

【註】訳す順序としては、先ず、Talking on the mobile phone を ｛ひと纏まり｝ にして1番に、次いで、②she ③a car ④drove と考えます。

次に、Talking on the phone は〈句〉ですから、Talking ｜ on ｜ the mobile phone と区切って、① the mobile phone ② on ③ Talking ④ she ⑤ a car ⑥ drove の順序で訳します。

又、Talking on the mobile phone は、drove を修飾しています。

（2）**My mother usually cooks dinner, watching TV.**

母は、通常、テレビを見ながら夕食を作ります。

〈なっとく！考え方〉

watching TV を ｛ひと纏まり｝ と考えます（⇒ watch TV

は"他動詞＋目的語")。

　上記（1）の文に関する説明と同じ考え方をすると、watching TV は〈現在分詞句〉で、"同じ文の「動詞」（相当語句）を修飾する"働きをしていると言えます。

【註】watching TV は cooks を修飾しています。

注意！！
　「現在分詞」は現在のことを表す言葉ではありません。
　〈時制〉（＝いつのことを述べているのか）を表すのは「動詞」だけです。

18 進行形

応用編

《進行形》とは、"**be** 動詞 + 現在分詞" の形を取る構文です。

☞ "be 動詞 + 現在分詞" で〈動詞1語〉と考えます。

1 be 動詞が〈現在形〉の場合に《現在進行形》と呼び、「〜しています (or, しているところです)」と訳します。

My father is watching a football game on television now.

父は、今、テレビでサッカーの試合を観ているところです。

2 be 動詞が〈過去形〉の場合に《過去進行形》と呼び、「〜していました (or, しているところでした)」と訳します。

I was listening to music when my father entered my room.

父が私の部屋に入って来た時、私は、音楽を聴いているところでした。

注意しましょう！！

　《進行形》の形を" be 動詞 + ～ing "と言ってはいけません。その理由は、既に学習したように、～ing の形を取る品詞は、「動名詞」と「現在分詞」の２つが在るからです。

　「be 動詞」の（直）後に「動名詞」を取るか「現在分詞」を取るかによって、文法構文・訳し方が全く異なります。

〈知っ得 情報！〉
―「動名詞」と「現在分詞」―

1 　〜ing が出て来たら、次の順序で「動名詞」か「現在分詞」か
を見分けましょう。

(1) 〈主語〉になっていないか（cf. pp. 27 **1** , 70 **1** ）

　　⇒〈主語〉なら「動名詞」で「〜すること」と訳す。

(2) 〈目的語〉になっていないか（cf. pp. 29 **2** , 71 **2** ）

　　⇒〈目的語〉なら「動名詞」で「〜すること」と訳
　　す。

(3) 〈補語〉になっていないか（cf. pp. 30 **3** , 71 **3** ）

　　⇒〈補語〉なら「動名詞」で「〜すること」と訳す。

　　【註】《進行形》（cf. p. 78）に注意しましょう。

(4) “自動詞 ing ＋ 名詞 ”の形（語順）になっていないか

　　⇒“ 名詞 ＝〜ing”（ 名詞 が〜ing している）の関
　　係が成り立てば、「現在分詞」で「〜している
　　 名詞 」と訳す。（cf. p. 74 **1** の（1））

　　その関係が成り立たなければ「動名詞」で「〜す
　　るための 名詞 」と訳す。（cf. p. 72 **4** ）

　　【註】“ 他動詞 ing ＋ 目的語 ”の場合に注意、注
　　意！

(5) 直前に「名詞」が置かれていたら「現在分詞」で、「〜し
ている 名詞 」と訳す。

　　【註】念のために、“ 名詞 ＝〜ing ”の関係が成
　　り立つかどうかを確認しましょう。

(6) “〜ing , S ＋ V .”の形か“ S ＋ V ,〜ing .”の形の場合は

「現在分詞」で、「〜しながら」と訳す。(cf. pp. 75〜76 **2**)

2 "主語 + be 動詞 + 〜ing" の形が出てきたら、以下の方法で〜
ing が「動名詞」(= 〈補語〉) か「現在分詞」(= 《進行形》) か
を見分けましょう。

 (1) 〈主語〉が生物の場合、〜ing は「現在分詞」で《進行形》

   【註】 文学的技法である《擬人法》を用いている場合
    は、〈主語〉が無生物の場合でも、〜ing は「現在
    分詞」で《進行形》であることが有ります。

    (cf. The sun is smiling at me.

     太陽が、私に微笑んでいる。)

 (2) 〈主語〉が "趣味・職業・事柄" などの場合、〜ing は「動
  名詞」で〈補語〉。

〈練習問題：〜ing 形〉

和訳しましょう。

1. I like running early in the morning.

2. Who is the girl painting a picture over there ?

3. She is reading a book in her room.

4. I could not find a standing space.

5. Making origami cranes is my hobby.

6. My hobby is playing golf.

7. Do you know that girl swimming in the river ?

8. Listening to the radio, I wrote a letter to my friend living in England.

9. He walked away, waving his hand at me.

10. My mother went out of the room without saying a word.

11. I am going to the library behind the park.

12. She is good at making cakes.

13. Someone is in that burning house !

14. My mother is cleaning the kitchen singing a song.

15. Not saying "thank you" to the person is rude when someone is kind to you.

〈 解説と解答 〉

1. 私は、早朝に走ることが好きです。

   〈なっとく！考え方〉

   running は、「他動詞」（= like）の直後に置かれていますから

〈目的語〉だと言えます。（cf. pp. 29 **2** , 71 **2** ）

2. 向こうで絵を描いている少女は誰ですか。

〈なっとく！考え方〉

　　painting（〈原形〉は paint ＝「他動詞」）の直後に〈目的語〉に当たる「名詞」（＝ a picture）が在りますから、painting a picture で ｜ひと纏まり｜ と考えます。すると、painting a picture は〈主語〉〈目的語〉〈補語〉のいずれでもありません（cf. pp. 70~72）から、「現在分詞」です。

　　直前に「名詞」（＝ girl）が在りますから、「名詞」を修飾する働きをしています。（cf. pp. 75 **1** (2), 80 (5)）

【註】　draw も paint も「を描く」の意味ですが、draw は「（絵）を線で描く」で、paint は「（絵）を絵の具（色付き状態）で描く」の意味です。

　　　又、write は、「文字を書く」場合に使います。

3. 彼女は、自分の部屋で本を読んでいるところです。

〈なっとく！考え方〉

　　"主語＋ be 動詞＋〜ing" の形ですよ！

　　〈主語〉は "生物" ですから、〜ing は「現在分詞」で《進行形》。（cf. p. 81 **2** (1)）

4. 私は、立つための場所を見付けることが出来ませんでした。

〈なっとく！考え方〉

　　standing space が "space ＝ standing" の関係であると言えるかどうかを考えましょう。（cf. pp. 72 **4** , 74 **1** (1), 80 **1** (4)）

5. 折鶴を作ることが、私の趣味です。

〈なっとく！考え方〉

　　Making の〈原形〉make は「他動詞」ですから、直後の「名詞」（＝ origami cranes）は〈目的語〉です。従って、Making origami cranes は ｛ひと纏まり｝ です。直後に対応する「動詞」（= is）が置かれていますから、Making origami cranes は〈主語〉であると言えます。

　　　〈主語〉の働きをする〜ing は「動名詞」で、「〜すること」と訳すんでしたね。(cf. pp. 70 **1** , 80 **1**(1)）

6. 私の趣味は、ゴルフをすることです。

　〈なっとく！考え方〉

　　　"主語 + be 動詞 + 〜ing" の形です。(cf. p. 81 **2**(2)）

7. 川で泳いでいる あの少女を知っていますか。

　〈なっとく！考え方〉

　　　swimming の直前には「名詞」（= girl）が在りますから、swimming は直前の「名詞」を修飾する「現在分詞」です。

　　　　　　　　　　　　(cf. pp. 75 **1**(2), 80 **1**(5)）

　　　「大原則」 **2** (cf. p. 10) に従って訳していきます。

8. ラジオを聴きながら、私は、イングランドに住んでいる友人に手紙を書きました。

　〈なっとく！考え方〉

　　（1）Listening（to the radio）の後には対応する「動詞」が在りませんから、Listening（to the radio）は〈主語〉ではありません。(cf. p. 80 **1**(6)）

　　　　【註】wrote は I に対する「動詞」です。

　　（2）living は、直前の「名詞」（= friend）を修飾する「現在分詞」です。(cf. p. 80 **1**(5)）

9. 彼は、私に向かって手を振りながら歩き去りました。(cf. p. 80 **1**(6)）

10. 母は、ひと言も言うこと無しに（＝言わずに）私の部屋から出て行きました。

　〈なっとく！考え方〉

saying は、「前置詞」（= without）の直後に使われていますから〈目的語〉で「動名詞」です。

(cf.「大原則」 **3** (p. 11), pp. 29 **2** , 80 **1** (2))

11. 私は、公園の裏手側に在る図書館に行くところ（or, 途中）です。

〈なっとく！考え方〉

"主語 + be 動詞 + 〜ing"の形ですよ！ (cf. p. 81 **2** (1))

12. 彼女は、ケーキを作ることが上手です。

〈なっとく！考え方〉

making cakes は、「前置詞」（= at）の直後に在りますから〈目的語〉で「動名詞」です。(cf. pp. 71 **2** , 80 **1** (2))

【註】be good at 名詞 --- ／動名詞〜 「--- が／ 〜（すること）が得意（上手）である」

13. 誰かが、あの燃えている家の中に居るぞ！

〈なっとく！考え方〉

burning と house の関係を考えましょう。burn には、「他動詞」（＝を燃やす）と「自動詞」（＝燃える）の働きが在りますが、もし「他動詞」として使うのであれば、〈目的語〉は a house ／ the house(s)／ ---'s house(s) などの形を取りますから、burn は「自動詞」であると言えます。

すると、burning house の部分は"自動詞 ing + 名詞"の形になっています。(cf. p. 80 **1** (4))

14. 母は、歌を唄いながら、台所の掃除をしています。

〈なっとく！考え方〉

(1) My mother is cleaning の部分は、"主語 + be 動詞 + 〜ing"の形です。 (cf. p. 81 **2** (1))

(2) singing (⇒ singing a song で {ひと纏まり}) は「動名詞」では有り得ません (cf. pp. 70〜73) から「現在分詞」です。

応用編

85

直前に「名詞」が在りますから、形の上では the kitchen を修飾することが出来そうですが、the kitchen と singing a song との関係を考えてみると、= ではありませんね。

「現在分詞」なのに、直前・直後の「名詞」を修飾しないのですから、同じ文の「動詞」（相当語句）を修飾しています。 (cf. pp. 76 **2** (2), 80 **1** (5)(6))

15. 誰かが あなたに 親切にしてくれた時、その人に「有り難う」と言わないことは失礼です。

〈**なっとく！考え方**〉

(1) 〜ing の形を取る語の品詞判別をする際に、直前に《否定語》（= not や never）が在る場合には、《否定語》を無視します。

saying "thank you" は ｜ひと纏まり｜（⇒ "他動詞＋目的語"）です。

又、saying ... person の部分は、say --- to A で「A に --- と言う」という意味の ｜ひと纏まり｜ と考えます。

saying ... person は ｜ひと纏まり｜ で、その直後には対応する「動詞」（= is）が在りますから、saying ... person は〈主語〉だと言えます。

saying は「を言うこと」の意味ですから、not saying は「を言わないこと」と訳せます。

(2) when は「従位接続詞」ですから、先ずは、when ... you の部分を訳します。

19 ~ed（1）：「動詞」の〈過去形〉

　「他動詞」の〈原形〉に **ed** が付くと、（1）「他動詞」の〈過去形〉（2）「他動詞」の〈過去分詞形〉（3）「過去分詞」のどれかになります。形の上では全く同じ（～ed）ですが、品詞が異なるわけですから、働きも訳し方も異なります。

　以上の３つの内、〈過去分詞形〉は〈完了形構文〉でしか使われません。（cf.〈知っ得 情報！〉—「動詞」の形—（cf. p. 23（4）））

　この章では、先ず、「**他動詞**」の〈**過去形**〉について学習しましょう。

　「他動詞」については pp. 20～21 で、〈動詞の過去形〉については p. 23（3）で、それぞれ既に学習済みですよね。つまり、「を ～した／に ～した」の訳し方をして、必ず対応する〈目的語〉が必要である、ということです。

（1）**I watched a tennis game on television.**

　　　私は、テレビでテニスの試合を観ました。

（2）**I bought a birthday present for my mother.**

　　　私は、母に誕生日の贈り物を買いました。

（3）**I met my teacher near the station yesterday.**

　　　私は、昨日、駅の近くで先生に会いました。

　〈**なっとく！考え方**〉

　　　watched も bought も met も、直後に〈目的語〉に当たる「名詞」が置かれていますから、「他動詞」であると判ります。

87

（直）前には have / has / had が在りませんから、〈過去分詞形〉ではありません。従って、3つとも、〈過去形〉であると言えます。

(cf. pp. 23 （3）（4）)

【註】watched は、「規則変化 動詞」watch の原形（= watch）に ed が付いた形、bought と met は共に、「不規則変化 動詞」buy と meet の〈過去形〉です。

　「規則変化 動詞」とは、〈原形〉の語尾に　ed を付ければ〈過去形〉〈過去分詞形〉「過去分詞」になる「動詞」、「不規則変化 動詞」とは、そうではない「動詞」のことです。

20 ～ed（2）：「過去分詞」

　「他動詞」の〈原形〉に ed が付いているのに、「他動詞」の〈過去形〉でも「他動詞」の〈過去分詞形〉でもないとすると、それは「過去分詞」ということになりますよね。

　「過去分詞」には、次の **2 つの働き**が在ります。そして、働きが決まれば訳し方が決まります。

応用編

1　直前か直後の「名詞」を修飾する

☞　「～ れる／～ れた」と訳します。

　　　【註】「現在分詞」にも、直前か直後の「名詞」を修飾する働きが在りましたね！（cf. p. 74）

This is the plan accepted by my teacher.

　これが、先生によって受け入れられた計画です。

　〈なっとく！考え方〉

　　　accepted は、「他動詞」accept の〈過去形〉か〈過去分詞形〉、或いは、「過去分詞」のどれかです。

　　　〈過去形〉であれ〈過去分詞形〉であれ、「他動詞」である限りは〈目的語〉が必要です。ところが、（直）後に〈目的語〉は在りませんから、accepted は「他動詞」ではないと言えます。

　　　accepted は「過去分詞」です。

89

accepted の直前・直後を見ると、直前に「名詞」（ = plan）が使われていますね。「過去分詞」accepted は、plan を修飾しています。

Don't touch the broken glass.

その割られた（割れた）コップに触ってはいけません。

〈なっとく！考え方〉

(1) broken と綴る語は、「他動詞」break の〈過去分詞形〉か、「過去分詞」のどちらかです。

broken の前に have / has / had は使われていませんから、「完了形 構文」ではありません (cf. p. 23 (4))。ですから、broken は、「他動詞」break の〈過去分詞形〉ではなくて「過去分詞」ということです。

broken の直前・直後を見ると、直後に「名詞」が使われていますね。broken は、直後の「名詞」glass を修飾しています。

(2) broken の直前に「冠詞」が使われていますね。「動詞」の直前に「冠詞」が使われることは有り得ません。

従って、broken は、「他動詞」break の〈過去分詞形〉ではなくて「過去分詞」である、という考え方も可能です。

【註】(1) broken は、「他動詞」break の〈過去分詞形〉ではないのですから、直後の「名詞」（ = glass）は、broken の〈目的語〉ではありません。

(2) 名詞を修飾する「現在分詞」の場合と同じく、glass = broken の関係が成り立ちます。

(3) the ... glass は「連成名詞」であるというこ

とからも、(the と) broken は glass を修飾し
ているということが判（わか）ります。

2　同じ文の「動詞」（相当語）を修飾する

☞　「〜れて／〜れたので」と訳します。

　　【註】「現在分詞」にも、同じ文の「動詞」（相当語）を修
　　　飾する働きが在りましたね！（cf. pp. 75〜76）

Addressed by a strange person suddenly, she got surprised.

見知らぬ人に突然 話し掛けられて、彼女は驚きました。

〈なっとく！考え方〉

　　addressed　の〈原形〉である address は「他動詞」です（⇒
「に話し掛ける」）。addressed を「他動詞」として使いたいので
あれば、〈過去形〉であれ〈過去分詞形〉であれ〈目的語〉が
必要ですが、〈目的語〉が在りませんから、addressed　は、「他
動詞」ではなくて「過去分詞」です。

　　addressed の直前にも直後にも「名詞」は在りません。「過去
分詞」であるのに、直前にも直後にも修飾することが出来る
「名詞」が無いのだから、同じ文の「動詞」（相当語）を修飾し
ています（⇒ addressed は got に掛かっています）。

　　和訳する順序は、① Addressed by a strange person suddenly
② she　③ surprised　④ got ですが、① の部分は〈句〉（＝〈主
語〉が無い）ですから、後ろから前へと１語ずつ訳します（⇒
① suddenly　② a strange person　③ by　④ Addressed）。

91

My brother began to cry, scolded severely by Mother.

弟は、母に厳しく叱られて泣き出しました。

〈なっとく！考え方〉

scolded の原形 scold は「他動詞」ですが、対応する〈目的語〉が在りませんから、scolded は「過去分詞」です。

直前にも直後にも「名詞」が在りませんから、同じ文の「動詞」（相当語）を修飾しています。

注意！！　「過去分詞」は過去のことを表す言葉ではありません。

〈**時制**〉（いつのことを述べているのか）**を表すのは「動詞」だけ**でしたよね！（cf. p. 77）

21 受動態

《受動態》とは、
　　① be 動詞 ＋ 他動詞を〈原形〉
　　　　　　　　　　とする過去分詞
　　② be 動詞 ＋ 自動詞を〈原形〉
　　　　　　　　　　とする過去分詞 ＋ 前置詞
の形を取る構文です。

☞　(1)　"be 動詞＋過去分詞"（上記 ① の場合）
　　　"be 動詞＋過去分詞＋前置詞"（上記 ② の場合）で "「動詞」1 語" と考えます。

　　(2)　上記 ② の「前置詞」は by 以外で、《 be 動詞＋自動詞を〈原形〉とする過去分詞＋ by 以外の前置詞 》の形（語順）を取ります。

1　「be 動詞」が〈原形〉や〈現在形〉の時には、「～れる」と訳します。

His idea will be adopted in the next meeting.

彼の考えが、次の会議で採用されるでしょう。

　　① His idea　② the next meeting　③ in　④ be adopted　⑤ will

　　〈なっとく！考え方〉

93

(1) adopted の〈原形〉adopt は、「他動詞」であるにも拘わらず対応する〈目的語〉が在りませんから、adopted は「動詞」では有り得ない。だから、「過去分詞」です。

(2) 1つの主語に対して2つ以上の「動詞」が連続して用いられることは、有り得ない（⇒「大原則」 **5** (cf. p. 11)）。His idea に対しては、(will) be という「述語動詞」が既に使われているから、adopted は「動詞」ではない、という説明も可能です。

If you say such a foolish thing, you will be laughed at by everyone.

そのような馬鹿げたことを言ったら、（あなたは）皆んなに笑われるでしょう。

〈なっとく！考え方〉

(1)〈従属節（= If ... thing) は |ひと纏まり|〉と考え、しかも、〈従属節〉から訳します。(cf. p. 55)

(2) laughed は ～ed の形なので、「動詞」の〈過去形〉か〈過去分詞形〉、或いは、「過去分詞」のいずれかですが、対応する〈主語〉が前に在りませんから「動詞」ではありません（⇒ you は (will) be に対する〈主語〉)。

従って、「過去分詞」であると言えます。

(cf.「大原則」 **5** (p. 11))

《「be 動詞」+「過去分詞」+「前置詞」》の形になっていますね。だから、《受動態》です。

(cf. laugh at ---　「--- を笑う」)

English is spoken all over the world.

英語は、世界中で話されます。

94

2 「**be 動詞**」が〈**過去形**〉の時には、「**～れた**」と訳します。

This cake was made by my mother.

このケーキは、私の母によって作られました。

I was talked to by a foreigner yesterday.

私は、昨日、外国人に話し掛けられました。

【註】talked については、p.94 の〈なっとく！考え方〉(2) を参照

して下さい（⇒ I は was に対する〈主語〉です）。

（cf. talk to ---　「--- に話し掛ける」）

重要！！　《受動態》の基本形は《「be 動詞」＋「過去分詞」＋ by》では

ありません。by 以外の「前置詞」を用いる《受動態》が沢山

在ります。

（cf.　be covered with ---　「--- で被われている」

　　　be filled with ---　「--- で満たされている」

　　　be known by ---　「--- で知られている」

　　　　　　　　　　　　（＝「--- で有名である」）

　　　be known to ---　「--- に知られている」

　　　be surprised at ---　「--- に驚いている）」

【註】《受動態》の文中での "by ---" の部分は、"「前置詞」＋〈目

的語〉" ですから、〈｜ひと纏まり｜ の前置詞句〉と考えます。

（cf. p. 16）

95

〈知っ得 情報！〉
―「他動詞」の〜ed形―

　「他動詞」の〜ed形（⇒「規則変化 動詞」の場合）や、「不規則変化 動詞」で「動詞」の〈過去形〉〈過去分詞形〉と「過去分詞」とが同じ綴りの語が出て来たら、次の どの形に当て嵌まるかを確認して、〈過去形〉か〈過去分詞形〉か「現在分詞」かを見分けましょう。

1　「他動詞」の〈過去形〉
　　(1)（直）前に対応する〈主語〉が在る
　　(2)（直）後に〈目的語〉に当たる「名詞」が在る

2　「他動詞」の〈過去分詞形〉
　　（直）前に have / has / had が在る

3　「過去分詞」
　　(1) 上記の条件に当て嵌まらない
　　(2) 直前に「名詞」が置かれ（使われ）ている
　　(3)"〜ed ＋ 名詞"が文頭に使われていて、(直) 後に対応する「動詞」が在る
　　　　　　　　　　　　⇒「連成名詞」で〈主語〉になっている
　　　　(cf. Fried eggs are my favorite.
　　　　　　揚げられた（or, 油で焼かれた）卵（＝目玉焼き）
　　　　　は、私の好物です。）
　　(4)"〜ed ＋ 名詞"が「他動詞」の（直）後に置かれている
　　　　　　　　　　　　⇒「連成名詞」で〈目的語〉になっている

　　　　　　(cf.　I like fried eggs.

　　　　　　　　私は、目玉焼きが好きです。)

(5)　"～ed ＋ 名詞" が「冠詞」の（直）後に置かれている

　　　　　　　　　　　　　　　　　　　　⇒「連成名詞」

　　　　　　(cf.　This is a boiled egg.

　　　　　　　　これは、茹でられた卵（＝茹で卵）です。

　　　　　【註】「動詞」の直前に「冠詞」が使われることは有り

　　　　　　　得ないんでしたね！

　　　　　　　　　　　　(cf.〈なっとく！考え方〉(2)（p. 90))

(6)　"～ed ＋ 名詞" が「形容詞」の（直）後に置かれている

　　　　　　　　　　　　　　　　　　　　⇒「連成名詞」

　　　　　　(cf.　Look at the large fried eggs.

　　　　　　　　その大きな目玉焼きを見なさい。)

　　　　　【註】「動詞」の直前に「形容詞」が使われることも有

　　　　　　　り得ません！！

☞　(3)～(6) に関して言えることは、～ed が「連成名詞」の中に

含まれる場合、その ～ed は「過去分詞」ということです。

━━━ 〈練習問題：〜ed 形〉 ━━━

和訳しましょう。

1. My sister read the book when she was five years old.

2. The shop is run by his family.

3. The novels written by N. M. are very popular among young people.

4. His name was not found on the list.

5. That is the house built by my grandfather.

6. The letter will be sent to you tomorrow.

7. Fifty million people visited the museum last year.

8. This temple was built about 500 years ago.

9. Who was invited to the party ?

10. By whom was this CD produced ?

11. I don't like being spoken to in a loud voice.

12. The police found the stolen safe in the boot of the car.

━━━ 〈 解説と解答 〉 ━━━

1. 私の妹は、（彼女が）5歳の（or, 5歳だった）時に その本を読みま
   した。

   〈なっとく！考え方〉

   (1) read の直後に「名詞」（=〈目的語〉）が在りますから、read
   は「他動詞」と解釈できます。

   (2) read は、〈原形・現在形・過去形・過去分詞形〉の総てが
   read と綴られますが、〈原形〉〈過去分詞形〉ではありません

（cf. pp. 23（1）（4））から、〈現在形〉か〈過去形〉のどちらかです。

　　もし、〈現在形〉なら、reads とならなければなりませんね（cf. p. 29）。ですから、ここで使われている read は〈過去形〉であると言えます。

（3）〈従属節は ┊ひと纏（もと）まり┊〉と考え、しかも、〈従属節〉から訳します（cf. p. 55）。

2. その店は、彼の家族によって経営され（てい）ます。

〈なっとく！考え方〉

（1）1つの〈主語〉に対して2つ以上の「動詞」が連続して用いられることは、有り得ない（「大原則」 **5** （p. 11））。

　　The shop に対しては is が対応するから、run は「動詞」ではありません。「過去分詞」です。

（2）「過去分詞」run の〈原形〉run が「自動詞」であるならば、《受動態》は《be 動詞＋自動詞を〈原形〉とする過去分詞＋前置詞》の形を取るはず（cf. p. 93）なのに、「前置詞」が在りませんね（⇒ by his family（彼の家族によって）は、これで ┊ひと纏まり┊ の前置詞句）。

　　ですから、run の〈原形〉は「他動詞」であると言えます。

　　run は、「を経営（運営）する」という意味です。

3. N. M. によって書かれた小説は、若者たちの間で とても人気が有ります。

〈なっとく！考え方〉

　　written と綴るのは、「動詞」write の〈過去分詞形〉か「過去分詞」のどちらかです。直前に have / has / had が在りません（⇒〈完了形〉になっていません）し、後ろに〈目的語〉が在りません

応用編

から、written は「動詞」write の〈過去分詞形〉ではなくて、「過去分詞」であると言えます。

直前に「名詞」が在りますから、「～れた 名詞 」の訳し方が出来ますね。(cf. pp. 89 1 , 96 3 (2))

4. 彼の名前は、その一覧表の中に発見されませんでした（or, 一覧表に載っていませんでした）。

〈なっとく！考え方〉

found と綴るのは、「他動詞」find の〈過去形〉か〈過去分詞形〉、或いは、「過去分詞」のいずれかです。後ろに〈目的語〉が在りませんから、found は「過去分詞」であると言えます。

直前に「be 動詞」が在りますから、"was found" で《受動態》です。

5. あれは、私の祖父によって建てられた家です。

〈なっとく！考え方〉

3. と同じ考え方をして、built は「過去分詞」であると言えます。

直前に「名詞」が在りますから、「～れた 名詞 」の訳し方を当て嵌めます。

6. その手紙は、明日 あなたに送られるでしょう。

〈なっとく！考え方〉

4. と同じ考え方をして、sent は「過去分詞」であると言えます。

直前に「be 動詞」が在りますから《受動態》です。

7. 5000万の人が、昨年、その博物館を訪れました。

〈なっとく！考え方〉

visited の後に、〈目的語〉に当たる「名詞」(=the museum)が在りますから、visited は「他動詞」です（⇒〈過去形〉か〈過去分詞形〉）。

100

visited の（直）前に have / has / had は在りませんから、visited は〈過去分詞形〉ではありません。〈過去形〉です。

8. この寺は、約 500 年前に建てられました。

〈**なっとく！考え方**〉

4. と同じ考え方をして、built は「過去分詞」であると言えます。直前に「be 動詞」が在りますから《受動態》です。

9. 誰が そのパーティーに招待されましたか。

〈**なっとく！考え方**〉

invited の後に、〈目的語〉に当たる「名詞」が在りませんから、invited は「過去分詞」。"was invited" で《受動態》です。

文末を見ると〈疑問符〉が在りますから、この文は《疑問文》です。《受動態》の《疑問文》の場合、"be 動詞 + 主語 + 過去分詞" の語順ですが、「be 動詞」と「過去分詞」の間に〈主語〉が在りません。

文頭の「疑問詞」Who が〈主語〉の働きをしています。

(cf. p. 47)

10. この CD は、誰によって製作されたのですか。

〈**なっとく！考え方**〉

9. と同じ考え方をして、produced は「過去分詞」であると言えます。"was produced" で《受動態》です。

文末を見ると〈疑問符〉が在りますから、この文は《疑問文》です。

《受動態》の《疑問文》の場合、"be 動詞 + 主語 + 過去分詞" の語順ですから、this CD が〈主語〉です。

「疑問詞」が使われていますから〈主語〉の次に「疑問詞」を訳し（「大原則」 **2** の〈例外〉(3)（p. 11））、その後、文末から前へと順に訳していきます。

101

【註】 By whom「誰によって」(cf. p. 47)

11. 私は、大声で話し掛けられることは好きではありません。

〈なっとく！考え方〉

being は、「他動詞」(= like) の直後に在るので〈目的語〉で「動名詞」です。(cf. p. 71)

being spoken to の部分は、"be 動詞 + 自動詞を〈原形〉とする過去分詞 + 前置詞"の形になっているので《受動態》です。

(cf. A strange man spoke to me on my way to school this morning.

今朝、(私が) 学校に行く途中、変な人が私に話し掛けてきました。

I was spoken to by a strange man on my way to school this morning.

私は、今朝、学校に行く途中で変な人に話し掛けられました。)

12. 警察は、その車のトランク (の中) に、盗まれた金庫を発見しました。

〈なっとく！考え方〉

(1) stolen と綴るのは、「他動詞」steal の〈過去分詞形〉か「過去分詞」です。

直前に「冠詞」が在りますから、stolen は「動詞」ではなくて「過去分詞」で、the stolen safe は「連成名詞」と言えます。　　(cf. pp. 90〈なっとく！考え方〉(2), 97 **3**(5))

(2) found は、直後に〈目的語〉に当たる「名詞」(= the stolen safe) が在りますから「他動詞」で〈過去形〉です (⇒〈過去分詞形〉ではありません)。(cf. p. 96 **1, 2**)

102

22 分詞構文

《分詞構文》とは、
　① ~ing, S ＋ V ... .　　　② S ＋ V ... ，~ing.
　③ ~ed, S ＋ V ... .　　　④ S ＋ V ... ，~ed.
のいずれかの形を取り、〈分詞句〉を "接続詞＋
S ＋ V" の形に書き換えることが出来る文です。

☞　(1) ~ing は「現在分詞」、~ed は「過去分詞」です。

(2) 〈分詞句〉の動作主は、〈主節〉の動作主 (＝主語) に一致します。

(3) 〈分詞句〉の時制は、〈主節〉の時制に一致します。

(4) 〈過去分詞句〉を〈節〉に書き換える場合は、"接続詞 ＋ 主語 ＋ 受動態" の形になります。

(a) **Studying hard, he could get good marks in the exam.**
　　一所懸命 勉強したので、彼は試験で良い点数を取りました。
　　(＝ Because he studied hard, he ... .)

(b) **Studying hard, he could not pass the exam.**
　　一所懸命 勉強したのに、彼は試験に合格することが出来ませんでした。
　　(＝ Though he studied hard, he ... .)

応用編

103

（c）**My father left Japan for Europe at the beginning of July, returning at the end of August.**

父は、7月の初めにヨーロッパに向けて日本を出発し、8月の終わりに戻ってきました。

（＝ My father ... July, and returned ... .）

【註】left と returning の時間的前後関係を考えてみると、先ず"出発"（＝left）をし、その後（その結果として）"戻って来た"（＝returning）わけですよね。

"S ＋ V～, ～ing ... ." の形の場合、V～ と ～ing ... の時間的前後関係を考えて、V～ の行為が先で ～ing ... の行為が後の場合は、上記のように、「S は V～する（した）、そして（その結果）～ing ... する（した）」と訳し、～ing の行為が V～ の行為と同時進行的か V～ より先の場合は、「S は、～ing ... しながら V～ する」と訳すと宜いでしょう。

（cf. p. 76（2）, p. 82 の 9. と 14. ）

（d）**Called by someone, I turned round.**

誰かに名前を呼ばれたので、私は振り返りました。

（ ＝ Because I was called by someone, I ... . ）

（e）**Hit by his teacher, my brother will cry.**

もし先生に ぶたれるようなことがあれば、弟は泣くでしょう。（＝ If my brother is hit by ... . ）

《特別な形》

1 「従位接続詞」の意味を明確にしたい場合は、〈分詞句〉の先頭に「従位接続詞」を置きます。

(cf. After finishing the homework, I watched TV.

宿題を終えた後で、私はテレビを見ました。)

2 通常は、〈分詞句〉の動作主は〈主節〉の動作主（＝主語）に一致しますが、〈分詞句〉の動作主と〈主節〉の動作主が異なる場合は、〈分詞句〉にも、〈主語〉に当たる語を「分詞」の直前に置きます。

(cf. If weather permitting, we will go on a hike tomorrow.

もし天候が許すなら、私たちは明日、ハイキングに行くつもりです。)

3 「付帯状況」を表す〈副詞句〉に使われます。

1) with A 現在分詞〜 「A が 〜している状態で」

(cf. He was sitting there with his shoulders trembling.

彼は、肩を震わせた状態で そこに座っていました。)

2) with A 過去分詞〜 「A が 〜れた状態で」

(cf. Even in summer, she sleeps with all the windows of her room shut.

夏でも、彼女は、部屋の総ての窓が閉められた（＝ 窓を総て閉めた）状態で寝ます。)

3) with A 形容詞── 「A が ── の状態で」

(cf. My grandfather sometimes dozes with his eyes open.

祖父は、時々、目を開けたまま（の状態）で居

眠りをします。)

4) **with A 前置詞句──　「A が ── の状態で」**

（cf. she sat on the chair with her hands on her knees.

　　　彼女は、両手を膝の上に置いた状態で椅子に

　　　坐りました。）

〈練習問題：分詞構文〉

和訳しましょう。

1. Walking along the beach, I found many beautiful shells.

2. Taking the key out of the right pocket of his trousers, he opened the door.

3. Seen from the plane, the recreation ground looks like a maze.

4. Four girls were walking down the street, suddenly stopping in front of a boutique.

5. Written in easy English, this book is very useful to the beginners of English.

6. He not looking after his dog well, it does not wag its tail when he approaches it.

7. While skiing in Hokkaido, he twisted his ankle.

8. Turning to the right at the corner, they found the shop on their left.

9. Before going into other's room, he never knocks at the door.

10. Being ill, I was staying at home yesterday.

11. The father walked away with his daughter left there alone.

12. She was standing with her hair waving in the wind.

応用編

〈 解説と解答 〉

1. 浜辺を歩いている時、私は、沢山の綺麗な貝殻を見付けました。

　　【註】 Walking ... , ＝ When I walked ... ,

2. ズボンの右ポケットからカギを取り出して、彼はドアを開けまし

107

た。

【註】Taking ... , = After he took ... ,

3. 飛行機から見ると、その遊園地は迷路のように見えます。

【註】Seen ... , = When the recreation ground is seen ... ,

4. 4人の少女が通りを歩いていたら、突然、或るブティックの前で立ち止まりました。

【註】…, suddenly stopping ... . = ... , and they suddenly stopped ... .

5. 簡単な英語で書かれているので、この本は、英語の初心者に とても役に立ちます。

【註】Written ... , = Because (or, Since) it is written ... ,

6. 彼は、自分の犬の面倒を ちゃんと看ないので、犬は、彼が近寄って行っても尻尾を振りません。

【註】(1) He not looking ... , = Because (or, Since) he does not look ... ,

(2) look after --- 「--- の面倒を看る／--- の世話をする」

(3) when は、it does not ... と he approaches it とを結ぶ「従位接続詞」。

7. 北海道でスキーをしている時（or, 間）に、彼は足首を捻挫しました。 【註】While skiing ... , = While he was skiing ... ,

8. 角を右に曲がった時、彼らは、左手側に その店を見付けました。

【註】Turning ... , = When they turned ... ,

9. 他人の部屋に入って行く前に、彼は決してドアをノックしません。

【註】Before going ... , = Before he goes ... ,

10. 病気だったので、私は、昨日は家に居ました。

【註】Being ill, ... = Because (or, Since) I was ill, ...

108

11. その父親は、自分の娘が そこに独りで残された状態で（＝自分の娘を そこに独り残したままで）歩き去りました。

12. 彼女は、（自分の）髪の毛が風を受けて靡いた状態で（＝髪の毛を風に靡かせながら）立っていました。

応用編

23 to 不定詞

応用編

《**to 不定詞**》とは、"**to**＋動詞の原形"の形を
取る構文です

☞ "to＋動詞の原形"で｛ひと纏まり｝と考えます。

　《**to 不定詞**》の基本的な〈用法〉は **3 種類**（＝〈名詞的用法〉〈形容詞
的用法〉〈副詞的用法〉）で、**4 通りの訳し方**が在ります。**用法を決定す
る**ことによって、**訳し方が決定**します。
　〈用法〉を決定するには、語順が重要な要素となります。

１ 名詞的用法 ⇒「〜すること」と訳します。

☞ 「名詞」と同じ働きをします。（cf. pp. 27 **1** ～ 32 **3** ）

（**1**）"**to 不定詞句**"が〈主語〉になっている

To write a novel is my dream.

　小説を書くことが私の夢です。

〈**なっとく！ 考え方**〉

　"to ＋動詞の原形"で｛ひと纏まり｝ですから、To write は
｛ひと纏まり｝。更に、write a novel は "他動詞＋目的語"で
すから｛ひと纏まり｝。すると、To write a novel が｛ひと纏
まり｝となりますよね。

110

To write a novel の直後には、対応する「動詞」is が在ります から、To write a novel は〈主語〉だと言えます。

【註】1）To write a novel は I でも You でもありませんか ら、《三人称 単数》です。（cf. p. 28）

2）To write a novel は〈句〉ですから、後ろから前 へと訳します。（cf. p. 17）

(2) "**to 不定詞句**" が〈**目的語**〉になっている

She refused to lend her dictionary to me.

彼女は、（自分の）辞書を私に貸すことを拒絶しました。

〈**なっとく！ 考え方**〉

to lend ... は「他動詞」（= refused）の直後に置かれていま すから、〈目的語〉です。

(3) "**to 不定詞句**" が〈**補語**〉になっている

My dream is to go on a trip around the world by ship.

私の夢は、船で世界一周旅行をすることです。

〈**なっとく！ 考え方**〉

to go ... は「be 動詞」の直後に置かれていますから、〈補 語〉です。

【註】by bicycle 「自転車で」

by bus 「バスで」

by car 「車で」

by plane 「飛行機で」

by taxi 「タクシーで」

2 形容詞的用法 ⇒「～するための／～するべき」と訳します。

☞ 「名詞」の直後に置かれ、直前の「名詞」に掛かっていきます。

111

I have much work to do today.

私には、今日、するべき沢山の仕事が有ります。

〈なっとく！考え方〉

to do は「名詞」（= work）の直後に置かれています。

又、"to 不定詞句"に〈目的語〉が必要である（⇒ do は「他動詞」）にも拘(かかわ)らず目的語が在りません。（⇒ do much work）

以上の２つの条件を満たしている場合、"to 不定詞"は〈形容詞的用法〉です。

質問！
では、work は、なぜ「動詞」ではなくて「名詞」だと言えるのでしょうか。

⇒ 直前に「形容詞」(much) が使われています。「動詞」の直前に「形容詞」（や「前置詞」）が使われることは有り得ないのでしたね。
(cf. pp. 90〈なっとく！考え方〉(2), 97 (**3**) の (6)の【註】)

I want a friend to play with.

私は、一緒に遊ぶための友達が慾(ほ)しいです。

〈なっとく！考え方〉

to play は「名詞」（= a friend）の直後に置かれています。又、

with（=「前置詞」）には〈目的語〉が必要であるにも拘らず〈目的語〉が在りません。（⇒ play with a friend）

２つの条件を満たしていますね。

　　　（cf. I have many books to read.

　　　　私は、読むための沢山の本を持っています。

　　　　　（⇒ read many books）

　　　I have no house to live in.

　　　　私には、住むための家が全く有りません。

　　　　　（⇒ live in no house）

【註】以下の形の場合も〈形容詞的用法〉です（⇒ 例外）。

　　1）"time to ～"　　　「～するための時間」

　　2）"a chance to ～"　「～するための機会」

　　3）"an opportunity to ～"

　　　　　　　　　　　　「～するための機会」

　　4）"a（or, the）way to ～"

　　　　　　　　　　　　「～するための方法」

3 **副詞的用法** ① ⇒「〜して ／〜んで 」と訳します。

　☞　**「感情を表す形容詞」の直後**に置かれます。

I was glad to hear the news.

　私は、その知らせを聞いて嬉しかったです。

　　（cf.「感情を表す形容詞」：amazed, angry, ashamed, content, delighted, excited, disappointed, happy, lucky, pleased, sad, shocked, sorry, surprised, upset など）

113

4 副詞的用法 ② ⇒「〜するために」と訳します。

☞ (1) 〈名詞的用法〉〈形容詞的用法〉〈副詞的用法の①〉の語順・形に当て嵌まらない場合

(2) 「自動詞」「副詞」の直後に置かれた場合

(3) "this / these / that / those ＋名詞" の直後や、「固有名詞」或いは「代名詞」の直後に置かれた場合

などで、**同じ文の「動詞」に掛かっていきます。**

I went to England to see my friend.

私は、友人に会うためにイングランドに行きました。

〈なっとく！考え方〉

(1) to England は、"to ＋名詞" ですから "to 不定詞" ではありません。

(2) to see は、"to ＋動詞の原形" ですから "to 不定詞" です。to の直前には「固有名詞」(＝ England) が在りますから、上記**4**の(3) の場合に当て嵌まります。

He ran to catch the bus.

彼は、そのバスに乗るために走りました。

〈なっとく！考え方〉

to catch は、「自動詞」(＝ ran) の直後に置かれています。

(cf. He ran in order to catch the bus.

He ran so as to catch the bus.

彼は、そのバスに乗るために走りました。)

She studied hard to pass the examination.

彼女は、その試験に合格するために一所懸命 勉強しました。

〈なっとく！考え方〉

to pass は、「副詞」(＝ hard) の直後に置かれています。

《特別な形》

■ 〈結果を表す"to 不定詞"〉

通常なら、「大原則」**2** に従って、〈主語〉を訳した後は文末から前に訳していきますが、〈結果を表す"to 不定詞"〉が使われている文では、〈主語〉を和訳した後、"to 不定詞"の直前から前に訳していき、その後、**文末から"to 不定詞"の部分へと前に訳していきます。**

"(S + V ...) to 不定詞〜"の部分を、「(S + V ...) そして、その結果 〜する（した）」と訳すところから、この呼び名が付きました。

She tuned to find her friend.

彼女は、振り返って（＝振り返りました。そして、その結果）、友達を見付けました。

She grew up to become a scientist.

彼女は、大きくなって（＝大きくなりました。そして、その結果）、科学者になりました。

☞ 「友達を見付けるために振り返った」「科学者になるために大きくなった」ではヘンですよね。

"to 不定詞"の「動詞」が表す行為の方が、「述語動詞」が表す行為よりも**時間的に後**である場合には、《結果を表す"to 不定詞"》だと考えて下さい。

■ 主語 is 形容詞── to 〜 .

☞ 「 主語 は 〜するのが── 」と訳します。

This mountain is easy to climb.

　この山は、登るのが簡単です。（⇒ climb this mountain）

This house is unfit to live in.

　この家は、住むのに適していません。（⇒ live in this house）

　　　　（cf. この形を取る形容詞：convenient, difficult, good, hard,
　　　　　　　　　　　　　　impossible, inconvenient, nice,
　　　　　　　　　　　　　　pleasant, possible, tough　　など）

❸ **"to 不定詞" の否定形**

（1）"to 不定詞" の部分を《否定形》にしたければ、**to の直前に**
　not を置きます。

（2）"to 不定詞"の用法の見分け方は、not が付いていない場合と同
　じだと考えて下さい。

　　　　　　　（cf. p. 86 の 15. の〈なっとく！考え方〉(1)）

Not to eat sweets or salty foods much is good for our health.

　甘い物や塩辛い物を沢山 食べないことは、健康に良いです。

　【註】Not to eat sweets or salty foods much は〈主語〉です。

Please tell me the way not to get lost in a strange place.

　知らない所で道に迷わないための方法を教えて下さい。

　【註】not to get ... は、直前の「名詞」に掛かって行く〈形容詞的
　　用法〉です。

She studied hard not to fail in the examination.

　彼女は、試験に失敗しないために（＝しないように）一所懸命 勉強
　しました。

【註】not to fail ... は、〈副詞的用法 ②〉です。

（cf. She studied hard <u>in order not to</u> fail in the examination.

She studied hard <u>so as not to</u> fail in the examination. ）

4 "**to 不定詞**" の 〈**過去形**〉

"to 不定詞" の部分を 〈過去形〉の意味に したければ、**to に**
続く「動詞」を "have ＋過去分詞形" にします。

He seems to have been an athlete when he was young.

彼は、若かった頃、運動選手だったように見えます。

（cf. He seems to be an athlete.

彼は、運動選手であるように見えます。）

【註】seem to 動詞の原形〜 「〜するように見える／
思える」

117

〈知っ得 情報！〉
―"to 不定詞"と「動名詞」―

「他動詞」の中には、〈目的語〉に"to 不定詞"と「動名詞」の両方を取ることが出来、それぞれの場合で意味（訳し方）の異なるものがあります。以下は、その代表的な「動詞」と、それぞれの場合の意味（訳し方）です。

(1) ① **remember + to ～** 「忘れずに～する／～することを忘れない」

　　　（cf.　Please remember to post this letter on your way to school.

　　　　　　学校へ行く途中で、この手紙を忘れずに投函して下さい。）

　② **remember + ～ing** 「～したことを憶えている」

　　　（cf.　Do you remember seeing this film?

　　　　　　この映画を見たことを憶えていますか。）

(2) ① **stop + to ～** 「～するために（立ち）止まる」

　　　（cf.　She stopped to light a cigarette.

　　　　　　彼女は、タバコに火を点けるために立ち止まりました。）

　② **stop + ～ing** 「～することを止める」

　　　（cf.　He stopped smoking.

　　　　　　彼は、タバコを吸うことを止めました。）

(3) ① **forget** + **to ～** 「～することを忘れる」

（cf. I forgot to put a postage stamp on the envelope.

封筒に切手を貼ることを忘れてしまいました。）

② **forget** + **～ing** 「～したことを忘れる」

（cf. Did you forget making the same mistake before ?

以前に同じ間違いをしたことを忘れたのですか。）

(4) ① **try** + **to ～** 「～しようと試みる」

（cf. She tried to climb the tree.

彼女は、その木に登ろうと試みた。）

② **try** + **～ing** 「試しに ～してみる」

（cf. I tried walking without a wheelchair.

私は、試しに、車椅子 無しで歩いてみた。

〈練習問題：to 不定詞〉

和訳しましょう。

1. I felt sad to read the book.

2. This question is very hard to answer.

3. To buy bread, I went to the supermarket.

4. He went to France, never to come back.

5. She closed the window quietly not to wake her baby.

6. The bird is looking for a place to build its nest in.

7. She hurried to the station, only to miss the train.

8. I decided not to go to such a dangerous place again.

9. My wish is to become a teacher of English.

10. This river is dangerous to swim in.

11. To become an astronaut, it is my dream.

12. To own a house is a dream of many Japanese.

13. This question isn't easy to answer.

14. Our plan is to climb Mt. Everest.

15. Poetry is hard to translate.

16. My son refused to see a doctor.

17. He promised not to be late again.

18. He is difficult to please.

19. I was shocked to see his behaviour.

20. She hurried to the station to catch the train.

―― 〈 解説と解答 〉 ――

1. 私は、その本を読んで悲しくなりました（or, 感じました）。

〈なっとく！ 考え方〉

  to read の直前に、「感情を表す形容詞」（ = sad）が在ります。

  （cf. p. 113 **3**）

2. この問題は、答えるには とても難しいです。

〈なっとく！ 考え方〉

  " 主語 is 形容詞―― to ～." の形で、「形容詞」の部分には
difficult が使われています。

  又、answer this question の形になります。 （cf. p. 115 **2**）

3. パンを買うために、私はスーパーマーケットに行きました。

〈なっとく！ 考え方〉

  To buy bread は文頭に在りますが、後ろに対応する「動詞」
が在りませんから〈主語〉ではありませんし、直前には「他動
詞」も「be 動詞」も在りませんから、〈目的語〉でも〈補語〉
でもありませんよね。つまり、〈名詞的用法〉ではないという
ことです。 （cf. pp. 110～111）

  又、直前に「名詞」は使われていないから〈形容詞的用法〉
でもないし（cf. p. 111 **2**）、直前に「感情を表す形容詞」は在り
ませんから〈副詞的用法 ①〉でもありません。 （cf. p. 113 **3**）

  従って、〈副詞詞的用法 ②〉ということになります。

4. 彼は、フランスに行きました、そして、決して（or, 2 度と）戻っ
て来ませんでした。

〈なっとく！ 考え方〉

  never to ... は、《結果を表す "to 不定詞"》です。（cf. p. 115 **1**）

応用編

121

5. 彼女は、赤ん坊を起こさないために（＝起こさないように）、窓を静かに閉めました。

〈なっとく！ 考え方〉

not to wake の直前には、「副詞」が使われています。

(cf. p. 114 **4** の (2))

= She closed the door quietly <u>in order not to</u> wake her baby.

= She closed the door quietly <u>so as not to</u> wake her baby.

6. その鳥は、巣を作るための場所を探しています（or, 探しているところです）。

〈なっとく！ 考え方〉

"to 不定詞句" は「名詞」の直後に置かれ、しかも、"to 不定詞句" に「前置詞」in の〈目的語〉が必要であるにも拘らず〈目的語〉が在りませんから、〈形容詞的用法〉です。

(cf. p. 111 **2**)

7. 彼女は駅に急ぎましたが、電車に乗り遅れる結果となっただけでした。

〈なっとく！ 考え方〉

only to miss ... は、《結果を表す "to 不定詞"》です。

(cf. p. 115 **1**)

8. そのような危険な場所には、再び（or, 二度と）行かないことを決めました（or, 決心しました）。

〈なっとく！ 考え方〉

not to go の直前には「他動詞」（＝ decide ）が在りますから、not to go は〈目的語〉で、〈名詞的用法〉です。 (cf. p. 111 **1** の(2))

9. 私の希望は、英語の教師になることです。

〈なっとく！ 考え方〉

to become の直前には「be 動詞」が在りますから、to become

は〈補語〉です。　（cf. p. 111 **1** の (3)）

10. この川は、泳ぐには危険です。

　　〈**なっとく！考え方**〉

　　　　"| 主語 | is 形容詞—— to ～."の形です。

　　　　又、swim in this river の形になります。（cf. p. 115 **2**）

11. 宇宙飛行士になること、それが私の夢です。

　　〈**なっとく！考え方**〉

　　　　これは特別な形で、it は To become an astronaut を指している

　　　　「代名詞」です。　本来の形は To become an astronaut is my dream.

　　　　"To～, it is ... ."の形が出てきたら注意しましょう。

12. 家を持つことは、多くの日本人の夢です。

　　〈**なっとく！考え方**〉

　　　　To own ... は〈主語〉です。　（cf. p. 110 **1** の (1)）

13. この問題は、解く（or, 答える）のが簡単ではない。

　　〈**なっとく！考え方**〉

　　　　"| 主語 | is 形容詞—— to ～."の形です。

　　　　又、answer this question の形になります。　（cf. p. 115 **2**）

14. 私たちの計画は、エベレストに登ることです。

　　〈**なっとく！考え方**〉

　　　　to climb ... は〈補語〉です。　（cf. p. 111 **1** (3)）

15. 詩は、翻訳するのが難しいです。

　　〈**なっとく！考え方**〉

　　　　"| 主語 | is 形容詞—— to ～ ."の形です。

　　　　又、translate poetry の形になります。（cf. p. 115 **2**）

16. 私の息子は、医者に掛かる（or, 診て貰う）ことを拒絶しました。

　　〈**なっとく！考え方**〉

　　　　(1) to see ... の前には「他動詞」（= refused）が在りますから、

応用編

123

to see ... は〈目的語〉です。(cf. p. 111 **1** (2))

(2) see a doctor 「医者に掛かる／診て貰う」

17. 彼は、再び（or, 二度と）遅れないことを約束しました。

〈なっとく！考え方〉

not to be ... の直前には「他動詞」が在りますから、not to be ... は〈目的語〉です。(cf. p. 111 **1** (2))

18. 彼は、喜ばすのが難しい（or, 気難しい人です）。

〈なっとく！考え方〉

" 主語 is 形容詞 —— to 〜 . " の形です。

又、please him の形になります。 (cf. p. 115 **2**)

19. 私は、彼の行動を見て（or, 目にして）ショックを受けました。

〈なっとく！考え方〉

to see の直前に、「感情を表す形容詞」（= sad）が在ります。

(cf. p. 113 **3**)

20. 彼女は、その電車に乗るために駅へと急ぎました。

= She hurried to the station <u>in order to</u> catch the train.

= She hurried to the station <u>so as to</u> catch the train.

24 疑問詞 + to 不定詞

(1) “**疑問詞 + to ～**” は、「**名詞**」と同じ働きをします。

(cf. p. 26 **1** ～31 **3**)

(2) “疑問詞 + to ～” の形には、以下のものが在ります。

① **how to ～** 「～の仕方／どんなふうに ～すべきか（or, すれば宜いのか）」

Do you know how to solve this problem ?

この問題の解き方を知っていますか。

② **what to ～** 「何を ～すべきか」

What to do next is important to me.

次に何をするべきか、が私にとって重要なのです。

③ **what 名詞 --- to ～** 「何の（or, どんな）--- を ～すべきか／～すれば宜いのか」

I didn't know what flower to buy for my mother.

何の（or, どんな）花を母に買うべきか、私には判りませんでした。

④ **when to ～** 「いつ ～すべきか」

Check in advance when to start.

いつ出発するべきか、前もって調べておきなさい。

【註】（1）in advance 「前もって」

（2）start は、対応する〈目的語〉が在りませんから「自動詞」（＝始まる／出発す

125

る）です。

(cf. start ［vt］　「を始める」)

(3) この文は《命令文》です。(cf. p. 64)

⑤ **where to ～**　「どこで（or, どこに）～すべきか」

My teacher didn't tell me where to sit for an examination in mathematics.

先生は、どこで数学の試験を受けるべきかを私に教えてくれませんでした。

⑥ **which to ～**　「どちら（or, どれ）を ～すべきか」

You didn't tell me which to throw away.

どれを棄てる（or, 処分する）べきか、あなたは教えてくれませんでした。

⑦ **which 名詞 --- to ～**　「どちらの --- を～すべきか」

Let's decide which way to take.

どちらの道を行くべきか（or, どちらの方法を採るべきか）を決めましょう。(cf. **15** 命令文 **2** : p. 64)

25 「助動詞」：will

will, must, can, may, shall, need, should などを「助動詞」と言います。「動詞」が「助動詞」と併用されている場合、「動詞」は〈原形〉でしたよね。（cf. p. 23（1）の①）

この章では、will（⇒《否定形》は will not / won't）について学習しましょう。

---

1 「（～する）つもりです」

I will go to Venice in August.
　私は、8月にヴェニスに行くつもりです。

---

2 「（～する）でしょう」

My father will be busy tomorrow.
　父は、明日は忙しいでしょう。

---

3 〈過去形〉は **would**

☞ （1）「（～する）つもりでした／（～し）たでしょう」と訳しま

127

す。

(2) ［ウドゥ］と発音します。

He would read the book when he borrowed it from his teacher.

彼は、先生から その本を借りた時には、それを読むつもりでした。

---

4 **be going to** に書き換えが可能

☞ **to** の直後には「動詞」の〈原形〉が来ることに注意しましょう！

I am going to play tennis with my brother tomorrow.

私は、明日、弟とテニスをするつもりです。

【註】will の書き換えですから、be going to（= will）の直後には「動詞」の〈原形〉が来ます。**to** の直後に「名詞」が使われている場合、**be going to** は **go** の《進行形》です。

(cf. p. 144〈練習問題〉13.)

---

5 **Will you ～ ?** の形には、**4** つの意味・訳し方が在ります。

(1) 「（～する）**つもりですか**」

Will you leave for England the day after tomorrow ?

あなたは、明後日、イングランドに向けて出発するつもりですか。

【註】leave for ---　「--- に向けて出発する」

(2) 「（～する）**でしょうか**」

Will you pass the examination ?

あなたは、その試験に合格するでしょうか。

(3) 「(〜 し) ませんか」

Will you have another cup of coffee ?

もう一杯、コーヒーを如何ですか (or, 飲みませんか)。

【註】you は訳しません。

(4) 「(〜 し) てくれませんか」

Will you help me with my work ?

私の仕事を手伝ってくれませんか。

【註】(1) you は訳しません。

(2) help A with ---　　「A の --- を手伝う」

応用編

26 「助動詞」：must

「助動詞」must に関しては、以下の訳し方・用法を憶えましょう。

1 「（〜し）なければならない」

I must finish this work by four (o'clock).

私は、4 時までに この仕事を終えなければなりません。

【註】 **by** は「までには」、**till** は「まで」。

2 「（〜する）に違い無い」

She must be a doctor.

彼女は、医者であるに違い有りません。

3 **must not〜**「（〜し）てはならない」

You must not talk in a loud voice in the library.

図書館の中では、大きな声で話してはいけません。

4 **have to** に書き換えが可能

☞ **to** の直後には「動詞」の〈原形〉が来ることに注意しましょう！

【註】(1)「(〜し) なければならない」と訳します。

(2) [ハフトゥ] と発音します。

(3)〈主語〉が《三人称 単数》の時の〈現在形〉は **has to**([ハストゥ] と発音)。

(4)〈過去形〉は **had to**

(5) **not have to**〜 「(〜する) 必要は無い」

(cf. You don't have to get up early tomorrow morning.

明朝は、早く起床する必要は有りません。)

We have to start at once, or we will be miss the bus.

私たちは、直ぐに出発しなければなりません。さもないと、バスに乗り遅れるでしょう。

【註】start の後には〈目的語〉に当たる「名詞」が在りませんから、start は「自動詞」(＝出発する／始まる) です。

---

5 must have 過去分詞形〜

☞ 「(〜し) たに違い無い」と訳します。

He must have read this book.

彼は、この本を読んだに違い有りません。

This letter must have been written by one of your students.

この手紙は、あなたの生徒たちの内の１人によって書かれたに違い有りません。

【註】数… of 複数名詞 ---　　　「--- の内の … 」

(cf. of 複数名詞 ---　　　「--- の内で」)

27 「助動詞」：can ; can't / cannot

「助動詞」の can に関しては、以下の訳し方・用法を憶えましょう。

1 「(～する) ことが出来る」

I can speak Italian.
　私は、イタリア語を話すことが出来ます。

2 〈過去形〉は could

☞　(1)「(～する) ことが出来た」と訳します。
　　(2)［クドゥ］と発音します。

Today I could not (or, couldn't) answer the question in the history class.
　今日、私は、歴史の授業で質問に答えることが出来ませんでした。

3 be able to に書き換えが可能

☞　**to** の直後には「動詞」の〈原形〉が来ることに注意しましょう！

I am able to swim across this river.

私は、この川を泳いで渡ることが出来ます。

****

「助動詞」の can't / cannot に関しては、以下の訳し方・用法を憶えま
しょう。

1 「(〜する) ことが出来ない」

I can't speak French.
　私は、フランス語を話すことが出来ません。

2 「(〜する／〜である) はずが無い」

She doesn't know well about diseases. She can't be a doctor.
　彼女は、病気のことについてよく知らない。彼女が、医者である
はずが有りません。

3 can't (or, cannot) have 過去分詞形〜

☞ 「(〜 し) たはずが無い」と訳します。

She can't have been twenty years old at that time.
　彼女が、あの時、20 歳であったはずが有りません。

My brother can't have solved this question by himself.
　私の弟が、独力で この問題を解いたはずが有りません。

応用編

133

28 「助動詞」：may

may に関しては、以下の訳し方・用法を憶えましょう。

1 「（～し）ても構わない」

You may use my dictionary.

私の辞書を使っても構いません。

2 「（～する）かもしれない」

We may go to the cinema tomorrow.

私たちは、明日、映画（を見）に行くかもしれません。

She may be sick.

彼女は、病気（である）かもしれません。

3 may not～

(1) 「（～し）ないかもしれない」

    ☞ 発音する時は、may を強く。

My father may not come home tonight.

父は、今夜は帰宅しないかもしれない。

(2) 「(〜し) てはならない」

☞ 発音する時は、not を強く。

You may not use my dictionary.

私の辞書を使ってはいけません。(cf. must not (cf. p. 130 **3**))

【註】must の方が、〈禁止〉の度合いが強い。

---

4 may have 過去分詞形〜

☞ 「(〜し) たかもしれない」と訳します。

She may have missed the train because she left home late.

彼女は、遅くに家を出たので、電車に乗り遅れたかもしれません。

【註】because の直前に「,」は在りませんよ。 (cf. p. 56)

---

5 S + V so that 主語 may 〜

☞ 「主語 が 〜することが出来るようにと S + V」と訳します。

She speaks English slowly so that everyone in her class may understand her.

クラスの誰もが彼女の話すことを理解することが出来るようにと、彼女は、ゆっくりと英語を話します。

① her class ② in ③ everyone ④ her ⑤ understand ⑥ may
⑦ so that ⑧ she ⑨ slowly ⑩ English ⑪ speaks

【註】最近のアメリカ英語では、may の替わりに will や can を使うのが一般的です。

応用編

135

29 「助動詞」：need

need には、「他動詞」と「助動詞」の働きが在ります。

先ずは、「**他動詞**」の用法から学習しましょう。

「を必要とする」

☞ 「**他動詞**」ですから、（直）後に〈**目的語**〉を**必要**とします。

My father needs glasses when he reads a newspaper.

父は、新聞を読む時には眼鏡を必要とします。

I needed to clean my car yesterday.

私は、昨日、車を洗うことを必要としました（⇒ 車を洗う必要が有りました）。

【註】(1) to clean は、「他動詞」の直後に在る "to 不定詞" ですから、〈目的語〉で〈名詞的方法〉です。

(2) must / have to よりは表す意味が弱いと考えて下さい。

Do you need to finish the work before supper？

あなたは、夕食前にその仕事を終える必要が有りますか。

My mother didn't need to get up early this morning.

母は、今朝、早く起きる必要は有りませんでした。

= My mother didn't have to get up early this morning.

(cf. p. 131 **4** 【註】 (5))

= My mother need not have got up early this morning.

(cf. p. 137 **2**)

****

「**助動詞**」の場合について学習しましょう。

---

1 「(～する) **必要が有る**」

☞ (1)「**助動詞**」ですから、「**動詞**」の 〈**原形**〉 と併用されます。

(2) 通常は、《否定文》か《疑問文》で使われます。

You need not (= needn't) clean my car.

あなたは、私の車を洗う必要は有りません。

Need I make a report of the incident ?

その事件について報告する必要は有りますか。

---

2 need have 過去分詞形～

☞ 「(～する) **必要が有った**」と訳します。

My father need have attended the meeting yesterday.

父は、昨日、その会議に出席する必要が有りました。

応用編

30 「助動詞」: should ; ought to

1 「(〜する) べきである」

☞ should も ought to も同じ意味です。

You should start right now.

= You ought to start right now.

あなたは、（今）すぐに出発すべきです。

2 〈否定形〉に注意

☞ (1) should ⇒ **should not / shouldn't**

(2) ought to ⇒ **ought not to**

(3) 「(〜する) べきではない」と訳します。

You should not laugh at him.

= You ought not to laugh at him.

あなたは、彼のことを笑うべきではありません。

応用編

139

31 「助動詞」：had better

1 「（〜する）ほうが良い」

You had better see a doctor.

あなたは、医者に診て貰うほうが良い。

2 〈否定形〉は had better not

☞ 「（〜し）ないほうが良い」と訳します。

We had better not believe her words.

彼女の言うことを信じないほうが良い。

32 「助動詞」: used to

1 「昔（以前）は　よく（〜し）たものだ」

☞ 「今は そうではない」という含みが有ります。

My father used to go fishing on Sundays.

父は、日曜日には（よく）釣りに出掛けたものです。

2 「昔（以前）は　〜だった」

There used to be a a bookstore behind the station.

昔は、駅の向こう側に書店が在りました。

141

33 「助動詞」：shall

「助動詞」の shall に関しては、以下の訳し方・用法を憶えましょう。

1　Shall I 〜　?

☞　「（〜し）ましょうか」と訳します。

Shall I open the window?　　窓を開けましょうか。
　　Yes, please.　　はい、お願いします。
　　No, thank you.　　いいえ、結構です。

2　Shall we 〜　?

☞　「（〜し）ませんか」と訳します。

Shall we watch television?　　テレビを見ませんか。
　　Yes, let's.　　はい、見ましょう。
　　No, let's not.　　いいえ、やめておきましょう。

3　《一人称》の意思を表す

I shall go there even if spears fall.
　　たとえ槍が降って来ようが、私は そこへ行くつもりです。

142

You shall die.

私は、あなたを死ぬようにするつもりです。

⇒ お前を殺してやる。

You shall sign the contract.

私は、あなたが その契約書に署名するようにするつもりです。

⇒ お前に、その契約書に署名させてやる。

He shall not go there.

私は、彼が そこに行かないようにするつもりです。

⇒ 彼には そこに行かせない。

応用編

〈練習問題：助動詞〉

和訳しましょう。

1. She must be Tony's younger sister.

2. My grandfather will go fishing next Sunday.

3. My father used to take me to an amusement park when I was a child.

4. Shall I send this parcel by registered post ?

5. May I use your dictionary ?

6. This baby will be able to stand up by itself soon.

7. You must not use any calculators when you solve these problems.

8. Will you buy some eggs on your way home ?

9. I had to write a report about my summer vacation.

10. You had better not go out today.

11. You don't have to take off your shoes here.

12. He must have told me a lie.

13. I'm going to the supermarket near the station.

14. I was able to swim 200 metres yesterday.

15. She can't be at home now.

16. You ought not to eat and drink in class.

17. Shall we go out to eat Italian foods this evening ?

18. I am going to cut these apples into small pieces so that my little sisters can eat them.

19. My father will have to leave home early tomorrow morning.

20. My little brother may have eaten my cake.

〈 解説と解答 〉

1. 彼女は、トニーの妹に違い有りません。（cf. p. 130 **2** ）

2. 祖父は、今度の日曜日に釣りに出掛けるつもりです。

(cf. p. 127 **1**)

3. 私が子供だった頃、父は よく 私を遊園地に連れて行ってくれました。　（cf. p. 141 **1** ）

4. この小包は、書き留め郵便で送りましょうか。（cf. p. 142 **1** ）

　　【註】by registered post / mail 「書き留め郵便で」

　　　　by express (delivery)「速達で」

5. あなたの辞書を使っても構いませんか。（cf. p. 134 **1** ）

6. この赤ん坊は、間も無く、1人で（or, 独力で）立ち上がることが出来るでしょう。　（cf. p. 127 **2** , p. 132 **3** ）

　　【註】be able to ＝ can でしたよね。

　　① This baby　② soon　③ by itself　④ stand up　⑤ be able to

　　⑥ will

7. これらの問題を解く際には、計算機を（一切）使っては いけません。　（cf. p. 130 **3** ）

8. 帰宅途中に卵を少し買って来てくれませんか。（cf. p. 129 **5** (4)）

9. 私は、夏休みについての報告書を書かなくてはなりませんでした。

(cf. p. 131 **4** ［註］の (4))

10. あなたは、今日（は）外出しないほうがいいですよ。

(cf. p. 140 **2**)

11. ここでは靴を脱ぐ必要は有りません。（cf. p. 131 **4** (5)）

12. 彼は、私に嘘を言ったに違い有りません。（cf. p. 131 **5** ）

13. 私は、駅の近くのスーパーマーケットに行くところです。

　　【註】(be going) to の直後は「名詞」ですよ。

応用編

145

(cf. p. 128 **4** の ［註］)

14. 私は、昨日、200 メートル泳ぐことが出来ました。

(cf. p. 132 **2**)

15. 彼女が、今、家に居るはずが有りません。 (cf. p. 133 **2**)

16. 授業中（に）は、飲食をするべきではありません。(cf. p. 139 **2**)

17. 今日の夕方（or, 夜）イタリア料理を食べに出掛けませんか。

(cf. p. 142 **2**)

18. 私の小さい妹たちが（それらを）食べられるようにと、私は、これ
らのリンゴを小さく切るつもりです。

【註】(1) (am going) to の直後は「動詞」ですよ。

(cf. p. 128 **4** の ［註］)

(2) so that ... eat them (cf. p. 135 **5**)

(3) can (cf. p. 132 **1**)

19. 私の父は、明朝、早くに家を出なくてはならないでしょう。

【註】(1) will (cf. p. 127 **2**)

(2) have to = must (cf. p. 130 **4**)

20. 私の弟は、私のケーキを食べてしまったかもしれない。

(cf. p. 135 **4**)

「動詞」を使った構文(1)： make, let, have（使役動詞）

34 ～ 38 で扱う「動詞」は総て、"他動詞＋目的語＋補語"（⇒〈目的語＝補語〉の関係に在る）の語順を取る極めて重要な「動詞」です。それぞれの基本形に於ける〈語順〉〈使用される品詞〉〈訳し方〉を正確に憶えましょう。

1　make A 動詞の原形～

☞ 「A に～させる」と訳します。

【註】A の意思に関わり無く、**強制的に** ～させる場合に使われます。（＝ **get A to**～）

Though I was busy with my homework, my father made me wash his car.

私が（私自身の）宿題で忙しいのに、父は私に自分（父）の車を洗わせました。

【註】(1) me ＝ go の関係に在ります。（cf. pp. 31～32）

(2) though は「従位接続詞」です。（cf. p. 57）

(3) 主節（＝ my father ... his car）は、① my father　② me　③ his car　④ wash　⑤ made の順で訳します。

2 let A 動詞の原形～

☞ 「**A** に ～させる」と訳します。

【註】**A** にも ～する意思が有る場合に使われます。従って、「**A** に ～することを許す／させてやる」と訳しても いいでしょう。

My father let me use his dictionary.

父は私に、彼の辞書を使わせ（てくれ）ました。

3 have A 動詞の原形～

☞ 「**A** に ～して貰う」と訳します。

My brother had his friend repair his bicycle.

弟は、友達に自転車を修理して貰いました。

4 have A 過去分詞～

(1)「**A** を ～して貰う」と訳します。

I had my English sentences corrected by my teacher.

私は、（私の）英語の文章を先生に直して貰いました。

(2)「**A** を ～れる」と訳します。

My sister had her wallet pickpocketed in the train.

妹は、電車の中で財布を掏られました。

35 「動詞」を使った構文(2)： see, hear, feel (知覚動詞)

応用編

1－(1) see A 動詞の原形～

☞ 「**A** が ～するのを目にする／見掛ける／見る」と訳します。

I saw a monkey fall from the tree.

私は、猿が木から落ちるのを目にしました。

①I　②a monkey　③the tree　④from　⑤fall　⑥saw

1－(2) hear A 動詞の原形～

☞ 「**A** が ～するのを耳にする／聞く」と訳します。

I heard my mother scold my brother.

私は、母が弟を叱るのを耳にしました。

1－(3) feel A 動詞の原形～

☞ 「**A** が ～するのを感じる」と訳します。

149

I felt a leaf drop on my shoulder.

私は、葉っぱが1枚、肩の上に落ちるのを感じました。

【註】〈落ちる感じがした〉のではなくて、〈落ちたのが実際に体で感じられた〉ということを意味しています。

(cf. I felt her idea to be excellent.

　　私は、彼女の考えを素晴らしい（ものだ）と感じました。)

2－(1)　see A 現在分詞～

☞　「A が ～しているのを目にする／見掛ける／見る」と訳します。

I saw a *kappa* drowning.

私は、河童が溺れているのを目にしました。

【註】「溺れている河童」と訳してはいけません。

2－(2)　hear A 現在分詞～

☞　「A が ～しているのを耳にする／聞く」と訳します。

Did you hear the doorbell ringing?

ドアの呼び鈴が鳴っているのが聞こえましたか。

【註】(1)「鳴っているドアの呼び鈴」と訳してはいけませんよ。

(2)〈鳴っている（のが聞こえる）ような気がした〉のではなくて、〈鳴っているのが実際に耳に聞こえた〉

ということです。

2 - (3)　feel A 現在分詞〜

☞　「**A** が 〜しているのを感じる」と訳します。

I felt this house shaking.
　私は、この家が揺れているのを感じました。
　　　【註】「揺れている この家」はダメですよ！

3 - (1)　see A 過去分詞〜

☞　「**A** が 〜れるのを目にする／見掛ける／見る」と訳します。
　　　【註】「された」と訳してはいけません。「分詞（現在分詞・
　　　過去分詞）」は〈時制〉は表さないんでしたよね。
　　　　　　　　　　　　　　　　　　　　　　　　　　　(cf. pp. 77, 92)

I saw a puppy run over by a car this morning.
　私は、今朝、仔犬が車に轢かれるのを目にしました。

3 - (2)　hear A 過去分詞〜

☞　「**A** が 〜れるのを耳にする／聞く」と訳します。

I heard my name called.

私は、自分の名前が呼ばれるのが聞こえました。

---

3 −(3)　feel A 過去分詞〜

☞　「**A が 〜れるのを感じる**」と訳します。

Did you feel this car lifted up by the earthquake ?

あなたは、この車が地震で持ち上げられるのを感じましたか。

36 「動詞」を使った構文（3）： ask, tell, want

応用編

---

1 － (1)　ask A to 動詞の原形〜

☞　「**A** に 〜して下さいと**頼む**」と訳します。

　　【註】「するように頼む」は日本語として不適切です。

I asked my father to lend his car to me.

　私は父に、（私に彼の）車を貸して下さいと頼みました。

---

1 － (2)　tell A to 動詞の原形〜

☞　「**A** に 〜するように言う」と訳します。

My boss told me to finish the work by the end of this week.

　上司は私に、今週末までには仕事を終わらせるようにと言いました。

　① My boss　② me　③ this week　④ of　⑤ the end　⑥ by

　⑦ the work　⑧ to finish　⑨ told

153

1 −(3)　want A to 動詞の原形〜

☞　「A に 〜して慾しい（して貰いたい）／〜して慾しがっている（して貰いたがっている）」と訳します。

My father wants me to take over his business.
父は私に、彼の事業を引き継いで貰いたがっています。

2 −(1)　ask A not to 動詞の原形〜

☞　「A に 〜しないで下さいと頼む」と訳します。

Mother asked me not to forget to buy flour and eggs.
母は私に、小麦粉と卵を買うことを忘れないで下さいと頼みました。

2 −(2)　tell A not to 動詞の原形〜

☞　「A に 〜しないように言う」と訳します。

I told the children not to be noisy in the library.
私は、その子供たちに、図書館の中では騒がしく しないようにと言いました。

2 －(3) want A not to 動詞の原形～

☞ 「**A** に ～しないで<ruby>欲<rt>ほ</rt></ruby>しい（しないで<ruby>貰<rt>もら</rt></ruby>いたい）／～しないで欲しがっている（しないで貰いたがっている）」と訳します。

I want my parents not to enter my room.

私は両親に、私の部屋には入らないで<ruby>欲<rt>ほ</rt></ruby>しいです。

応用編

37 「動詞」を使った構文(4)：allow, cause, encourage, expect, force, help, request, require, urge

1 allow A to 動詞の原形〜

☞ 「A が (or, A に) 〜することを許す/認める」と訳します。

I allowed my family to use my computer while I was away.
私は、家族に、私が留守にしている間は私のコンピュータを使うことを許しました。

2 cause A to 動詞の原形〜

☞ 「A が 〜することを引き起こす/A が 〜する原因となる」
  ⇒ 「主語 のために (or, せいで) A は 〜することになる」
  と訳します。

The traffic jam caused her to be late for the meeting.
交通渋滞が、彼女が会議に遅れる原因となりました。
  ⇒ 交通渋滞のために、彼女は会議に遅れました。

3 encourage A to 動詞の原形～

☞ 「A に ～することを薦める／A に ～するよう励ます」と訳します。

My teacher encouraged me to try it again.
先生は、私に、もう一度やってみるようにと励ましてくれました。

4 expect A to 動詞の原形～

☞ 「A が ～することを期待する／予想する」と訳します。

I expected you to attend the party.
私は、あなたが そのパーティーに参加することを期待しました。

5 force A to 動詞の原形～

☞ 「A に ～することを強いる／強制する」（⇒「主語 のために（or, せいで）A は ～せざるを得ない」）と訳します。

The powerful typhoon forced her family to put off the picnic.
その大型台風は、彼女の家族がピクニックを延期することを強いました。
　⇒ その大型台風のために、彼女の家族はピクニックを延期せざるを得ませんでした。

157

6 help A to 動詞の原形～

☞ 「A が ～するのを助ける／手伝う／手助けする」と訳します。

My father helped me to fix my bicycle.

父は、私が自転車を修理するのを手伝ってくれました。

7 request A to 動詞の原形～

☞ 「A に ～して下さいと要請する／懇願する」と訳します。

She requested her friends to attend her wedding reception.

彼女は友人に、自分の結婚披露宴には是非とも出席して下さいと頼みました。

8 require A to 動詞の原形～

☞ 「A に ～するよう要求する」と訳します。

Our teacher required us to present our reports within three days.

先生は私たちに、3日以内に報告書を提出することを求めました。

9 urge A to 動詞の原形～

☞ 「**A** に ～するよう熱心に（or, 強く）薦める／促す」と訳します。

He urged his daughter to accept the proposal of marriage from the millionaire.

彼は自分の娘に、その大富豪からの求婚を受け入れるよう強く薦めました。

応用編

38 「動詞」を使った構文(5)：
call, find, keep, leave, make, name

応用編

---

1 call A B

☞ (1)「**A を B と呼ぶ**」と訳します。

(2) **A** にも **B** にも「**名詞**」が使われます。

My close friends call me Markun.

私の親しい友人たちは、私のことをマー君と呼びます。

---

2 find A B

☞ (1)「**A が B である（という）ことが判る／A が B であると気
付く／思う**」と訳します。

(2) **A** には「**名詞**」、**B** には「**名詞**」か「**形容詞**」が使われま
す。

I found him a genius in mathematics.

私は、彼は数学の天才だと思いました／天才だということが判りま
した。

160

I found this book very interesting.

私は、（読み終わってみて）この本が とても面白い（or, 興味を惹く内容である）ということが判りました。

---

3 find it 形容詞── （for A） to 動詞の原形～

☞ 「（**A** が／**A** にとって）～することは ── である（という）ことが判る／ ── であると気付く／思う」と訳します。

【註】it（= 形式目的語）は訳しません。

I found it difficult for me to finish reading this book in a week.

私は、この本を 1 週間で読み終えることは、私にとっては難しいということが判りました。

---

4 find it 形容詞 ── that S + V

☞ 「**S** + **V** ということは ── である（という）ことが判る／ ── であると気付く／思う」と訳します。

【註】it（＝形式目的語）は訳しません。

I found it difficult that I finished reading this book in a week.

私は、私が この本を 1 週間で読み終えることは難しいということが判りました。

【註】that I finished ... a week は節ですから、that 以下を訳す時には、「大原則」の **2** に従います。

161

⇒ ① I ② I ③ a week ④ in ⑤ this book ⑥ reading
⑦ finished ⑧ that ⑨ difficult ⑩ found

5 keep A B

☞ (1) 「**A** を **B** の状態にしておく」と訳します。
(2) **A** には「名詞」、**B** には「形容詞」／「現在分詞」／「過去分詞」のいずれかが使われます。

Please keep the door open because I will come back in a couple of minutes.

2、3分で戻って来ますから（or, 来るつもりですから）、ドアを開けたままの状態にしておいて下さい。

6 leave A B

☞ (1) 「**A** を **B** の状態で放って（or, 放ったらかしにして）おく」と訳します。
(2) **A** には「名詞」、**B** には「形容詞」／「現在分詞」／「過去分詞」のいずれかが使われます。

Don't leave the door open.

ドアを開けっぱなしの状態にしてはいけません。

162

7　make A B

☞　(1)「**A** を **B** にする」と訳します。

　　(2) **A** には「**名詞**」、**B** には「**形容詞**」／「**現在分詞**」／「**過去分詞**」のいずれかが使われます。

He wanted to make his son a lawyer.

彼は、自分の息子を弁護士に したがっていました。

The news made me happy.

その知らせは、私を悲しく（or, 悲しい思いに）しました。

8　make it 形容詞 ── (for A) to 動詞の原形〜

☞　「（**A** が）〜することを ──（の状態）にする」と訳します。

　　【註】it（＝形式目的語）は訳しません。

The typhoon made it impossible for me to go out.

その台風は、私が外出することを不可能にしました。

9　name A B

☞　(1)「**A** に **B** という名前を付ける」と訳します。

　　(2) **A** にも **B** にも「**名詞**」が使われます。

163

My daughter named the stray dog *Nora*.

私の娘は、その野良犬にノラという名前を付けました。

応用編

〈練習問題：動詞を使った構文〉

和訳しましょう。

1. Mother told me to eat vegetables for my health.

2. I want my parents to be careful about their health.

3. The mother made her little son wait for her for two hours outside the store.

4. My father doesn't let me go out at night.

5. Mika had her doll repaired by her father.

6. Don't leave your car parked on the street.

7. Father told my brother not to go to such a dangerous place again.

8. Father wants me to help him to wash his car.

9. When I entered the living room this morning, I heard my father speaking English on the phone.

10. Emily felt her buttock touched by someone in the crowded train.

11. I felt sorry for my father to see him asking mother to increase his allowance a little.

12. Seeing the sad scene, he felt tears run down his cheeks.

13. I had my bicycle stolen though I put it in the parking lot for bicycles.

14. Every one in the village expected them to get married soon.

15. She was not happy to see him go out.

16. He could not leave her alone.

17. You may find it difficult to believe.

18. Her parents wanted her to become a doctor.

19. I did my best to make her happy.

20. You must not leave your dirty socks unwashed.

―――― 〈解説と解答〉――――

1. 母は私に、健康のために野菜を食べるようにと言いました。

(cf. p. 153 **1－(2)**)

2. 私は両親に、（彼らの）健康について注意して慾しい。

(cf. p. 154 **1－(3)**)

3. その母親は、自分の小さな息子に、店の外で2時間も自分を待たせました。(cf. p. 147 **1**)

4. 父は私に、夜は外出させてくれません。(cf. p. 148 **2**)

5. ミカは、（自分の）人形を、お父さんに修理して貰いました。

(cf. p. 148 **4**)

6. 車を道路上に駐車させた状態で放っておいてはいけません。

⇒ 車を路上駐車してはいけません。(cf. p. 162 **6**)

7. 父は弟に、そのような危険な場所には二度と行ってはいけないと言いました。(cf. p. 154 **2－(2)**)

8. 父は、私に、（彼が彼の）車を洗うのを手伝って貰いたがっています。

【註】"want A to 動詞の原形～"（cf. p. 154 **1－(3)** ）と "help A to 動詞の原形～"（cf. p. 158 **6** ）の2つの動詞構文が使われています。

9. 今朝、居間に入って行った時、父が電話で英語を話しているのを耳にしました。(cf. p. 150 **2－(2)**)

10. エミリーは、満員電車の中で、誰かに御尻を触られるのを感じました。(cf. p. 152 **3－(3)**)

11. 父が母に、少し お小遣いを増やしてくれないか、と頼んでいるのを目にして、父のことを可哀想に思いました。

【註】(1) "see A 現在分詞～"（cf. p. 150 **2－(1)** ）と "ask

166

A to 動詞の原形～"(cf. p. 153 **1 - (1)**) の 2 つの動詞構文が使われています。

(2) to see に先行するのは (felt) sorry です。

(cf. p. 113 **3**)

12. その悲しい場面を見ながら、彼は、涙が頬を落ちるのを感じました。

【註】(1) Seeing ... (cf. p. 75 **2** (1))

(2) "feel A 動詞の原形～"(cf. p. 149 **1 - (3)**)

13. 駐輪場に自転車を置い（ておい）たのに、自転車を盗まれました。

【註】(1) "have A 過去分詞～"(cf. p. 148 **4**)

(2) though は従位接続詞。

14. その村の誰もが、彼らが間も無く結婚すると予想しました。

(cf. p. 157 **4**)

15. 彼女は、彼が出掛けて行くのを見て嬉しくありませんでした。

【註】(1) "see A 動詞の原形～"(cf. p. 149 **1 - (1)**)

(2) to see に先行するのは happy です。(cf. p. 113 **3**)

16. 彼は、彼女を一人きりにしておく（or, 一人っきりの状態で放っておく）ことは出来ませんでした。(cf. p. 162 **6**)

17. あなたは、信じることが難しいということが判るかもしれません。

(cf. p. 161 **3**)

18. 彼女の両親は彼女に、医師になって貰いたがっていました。

(cf. p. 154 **1 - (3)**)

19. 私は、彼女を幸せにするために最善を尽くしました。

(cf. p. 163 **7**)

20. 汚れた靴下を洗わないままで放っておいてはいけません。

(cf. p. 162 **6**)

応用編

39　現在完了

1 "**have** + 動詞の〈過去分詞形〉"で作られる構文を《**現在完了構文**》と言います。
2 "**have** + 動詞の〈過去分詞形〉"で〈動詞1語〉と考えます。(cf. pp. 78, 93)
3 　現在完了構文には、**4つの用法・訳し方**が在ります。
　⇒〈用法〉が決定すれば訳仕方が決定します。
4 《**過去の或る一時点**》から《**現在**》までの間の**事柄**を表します。

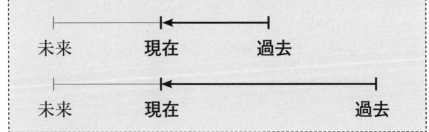

1 「～したことが有る」(＝経験用法)

☞　同じ文中に以下の語句が併用されていたら〈経験用法〉です。
・before　　　　　「以前に」

・once	「1 度」
・twice	「2 度」
・3 times	「3 度」
・many times	「何度も」
・never	「(今までに) 1 度も無い」
・ever	「今までに」
・How often	「何度くらい」
・How many times	「何度くらい」

I have seen a snake shed its skin once.

　私は、蛇が脱皮するのを 1 度 見たことが有ります。

〈**なっとく！考え方**〉

　　have seen で《現在完了》です。そして、現在完了構文であれば、用法・訳し方を決定できる語句を探すんでしたよね。

　　同じ文中に once が使われていますから、〈経験用法〉だと言えます。

　　【註】see A 動詞の原形〜 （cf. p.149 1－(1) ）

I have never skateboarded.

　私は、スケートボードをしたことは 1 度も有りません。

Have you ever seen the film ?

　あなたは、今までに その映画を見たことが有りますか。

169

2 「ずっと～している」(＝ 継続用法)

☞ 同じ文中に以下の語句が併用されていたら〈継続用法〉です。

- **for** ＋時間／期間を表す語句 --- 「---（の）間」
- **since** ＋時(時点)を表す語句 --- 「--- から／--- 以来」
- **since** ＋ **S** ＋ **V** 「**S** ＋ **V**（の）時から」
- **(ever) since** 「その時 以来」
- **always** 「いつも／常に」
- **How long** 「どれくらいの間」

I have lived in Kyoto for five years.

私は、京都に5年間 住んでいます。

⇒5年前に住み始めて、今も住んでいる

I have studied English since I entered a junior high school.

私は、中学校に入学してから ずっと英語を勉強しています。

⇒〈英語に関して言えば、中学校に入学して以来ずっと、今も勉強しているが、勿論、英語学習 以外のこともしている〉という意味で、〈眠ることや食事をすることを含めて、他のことは何もせずに、只ひたすら英語だけを勉強している〉という意味では ありませんから注意して下さい。

3 「～し終えてしまった／～し終えてしまっている)」(＝完了用法)

☞ 同じ文中に以下の語句が併用されていたら〈完了用法〉です。

- **already** 「もう／既に」
- **just** 「ちょうど ～ したところ」
- **not ～ yet** 「まだ ～ ない」
- **～ yet ?** 「もう」 ⇒ 肯定疑問文の場合

I have just mailed a letter to my friend in Wales.

　私は、ウェールズに（住んで）いる友人への手紙を ちょうど投函
し（終え）たところです。

Have you finished your lunch yet?

　もう昼食を食べ終え（てしまい）ましたか。

---

4 「～してしまっている」(＝結果用法)

☞ 　或る行為や出来事の結果として、今、その状態になっていると
　 いうことを意味します。

The books have arrived at my office room.

　例の書籍は、私の執務室に届いています。

　　⇒ 既に届いていて、今は私の執務室に在る、という意味です。

〈知っ得 情報！〉
―〈過去形の否定文〉と〈現在完了構文の "完了用法・否定文"〉の意味の違い―

(a) I didn't read this book.

(b) I haven't read this book yet.

多くの文法参考書では、〈現在完了構文の "完了用法・否定文"〉を「（まだ）〜していない」と訳すとしています。その訳し方に従うと、(b) の文は、「私は、まだ、この本を読んでいません。」となります。

一方、(a) の文は、「私は、この本を読みませんでした。」と訳します。

では、2つの文の意味・内容の違いは何でしょう。説明できますか？

p.170 の **3** を もう1度 御覧下さい。お解り戴けましたか？

〈現在完了構文の "完了用法"〉は「〜し終えてしまった」の意味ですから、(b) の文は、「私は、まだ、この本を読んでいません。」ではなくて、「私は、まだ、この本を読み終えてしまっていません。」と訳さなければならないのです。

(a) の文では、〈本を読むという行為〉、つまり、〈本を開くということ〉さえしなかったのに対して、(b) では、〈本を読み始めはしたが、そして、10ページ読んだだけかもしれないし、最後の1ページを残すだけかもしれないが、まだ、最後までは読み終わっていない〉ということなのです。

つまり、〈現在完了構文の "完了用法"〉は、〈過去の或る一時点で行為に着手してしまっている。そして、その行為を既に終えてし

まった、或いは、まだ終えてしまっていない〉ということを意味し
ているのです。

応用編

40 過去完了

1 "had + 動詞の〈過去分詞形〉"で作られる構文を《過去完了構文》と言います。
2 "had + 動詞の〈過去分詞形〉"で〈動詞1語〉と考えます。 (cf. pp. 78, 93, 168)
3 過去完了構文には、**4つの用法・訳し方**が在ります。
　⇒〈用法〉が決定すれば訳仕方が決定します。
4 《過去の或る一時点（過去2）》から《現在に近い過去の或る一時点（過去1）》までの間の事柄を表します。

1 「～したことが有った」

☞ (1)《過去の或る一時点》から、《現在に近い過去の或る一時点》までの間の〈経験〉を表します。
　(2)〈用法〉を決定する語句は、pp. 168～169 1 を参照して下

さい。

I had visited Kyoto three times with my family before I went there on a school excursion.

私は、修学旅行で行く前に、3回、家族と一緒に京都に行ったことが有りました。

2 「ずっと〜していた」

☞ (1)《過去の或る一時点》から、《現在に近い過去の或る一時点》までの〈継続〉を表します。

(2)〈用法〉を決定する語句は、p. 170 **2** を参照して下さい。

Our teacher of Japanese had taught at a junior high school for six years before she began to teach at our high school.

私たちの国語の先生は、私たちの高校で教えるようになる前、6年間、中学校で教えて（or, 教師をして）いました。

3 「〜し終えてしまっていた」

☞ (1)《現在に近い過去の或る一時点》での〈完了・結果〉を表します。

(2)〈用法〉を決定する語句は、p. 171 **3** を参照して下さい。

When I got a reply from you, I had already written the report.

175

あなたからの返答を受け取った時、私は既に報告書を書き終えてしまっていました。

---

4 「〜してしまっていた」

☞ 《現在に近い過去の或る一時点》より前の〈事柄を叙述〉します。

When we arrived at the station, the train had left.
私たちが駅に着いた時には、列車は発車してしまっていました。

41 未来完了

1 "**will** + **have** + 動詞の〈過去分詞形〉" で作られる構文を《未来完了構文》と言います。
2 "**have** + 動詞の〈過去分詞形〉" で〈動詞1語〉と考えます。　　　(cf. pp. 78, 93, 168, 174)
3 未来完了構文には、**3つの用法・訳し方**が在ります。
　⇒〈用法〉が決定すれば訳仕方が決定します。
4 《未来の或る一時点》までの間の事柄を表します。

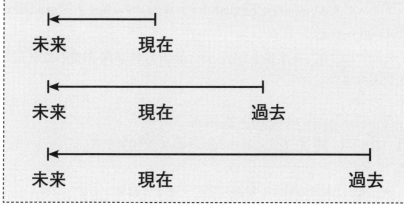

1 「〜 したことになるだろう」

☞ (1)《未来の或る一時点》までの間の〈経験〉を表します。

(2)〈用法〉を決定する語句は、pp. 168〜169 `1` を参照して下さい。

If I see the film again, I will have seen it five times.

もし、その映画を もう1度見たら、5回 見たことになるでしょう。

2 「(ずっと) 〜している (ことになる) だろう」

☞ (1)《未来の或る一時点》までの間の〈継続〉を表します。

(2)〈用法〉を決定する語句は、p. 170 `2` を参照して下さい。

You will have studied English for ten years when you graduate from university.

あなたは、大学を卒業する時には、英語を10年間 勉強していることになります。

3 「〜 し終えてしまっているだろう」

☞ (1)《未来の或る一時点》での〈完了・結果〉を表します。

(2)〈用法〉を決定する語句は、p. 171 `3` を参照して下さい。

If you begin the work now, you will have finished it by noon.

　もし、その仕事を今始めたら、正午までには終えてしまっている でしょう。

応用編

have been to と have gone to

have been to 〜

☞ 〈経験用法〉と〈完了用法〉が在ります。

　　【註】〈用法〉を決定する語句については、pp. 168〜169, 171 を参照して下さい。

(1)−① **have been to ---**（＝《現在完了》）

「--- に行ったことが有る」（＝経験用法）

「--- に行ってきたところ」（＝完了用法）

(1)−② **had been to ---**（＝《過去完了》）

「--- に行ったことが有った」（＝経験用法）

「--- に行ってきたところだった」（＝完了用法）

(1)−③ **will have been to ---**（＝《未来完了》）

「--- に行ったことになるだろう」（＝経験用法）

「--- に行ってきたところだろう」（＝完了用法）

⇒ 上記の6つに共通しているのは、〈**今は戻って来ている**〉ということです。

have gone to 〜

☞ 〈結果用法〉です。

(2) ー① **have gone to ---**（＝《現在完了》）

「--- に行ってしまった」

(2) ー② **had gone to ---**（＝《過去完了》）

「--- に行ってしまっていた」

(2) ー③ **will have gone to ---**（＝《未来完了》）

「--- に行ってしまっているだろう」

⇒ 〈(今は) もう居ない〉という〈結果〉を表します。

応用編

43 | since

since には、「副詞」「前置詞」「従位接続詞」の3つの品詞・働きが在りますが、この章では、「**従位接続詞**」として使われる場合の**区別方法・訳し方**について学習しましょう。

---

1 「以来／（の）時から」

☞ 〈**主節**〉（＝ since の付いていない方の節）が《**現在完了構文**》の場合

I have lived in Tokyo since I was ten years old.

私は、（私が）10歳の時から東京に住んでいます。

〈**例外**〉

"**It is ＋時間／期間 --- since ＋ S ＋ V〜 .**"の形の場合

☞ 「**S が 〜して以来 ---** になる／**---** が経つ」と訳します。

It is five years since I met her.

私が彼女と知り合いになってから5年になります。

2 「ので」

☞ 〈**主節**〉（＝ since の付いていない方の節）が《**現在完了構文**》
ではない場合

I couldn't see him since I didn't attend the party.

私は、そのパーティに出席しなかったので、彼に会うことが出来ま
せんでした。

応用編

44 yet

yet には、大きく **3つの用法・訳し方**が在ります。どのような形で使われているかによって訳し方を決定することが出来ますから、それぞれの場合の形と、その訳し方を憶えましょう。

1 「しかし」

☞ **文頭か節頭に使われている**場合

We ran to the station, yet we missed the train.
私たちは、駅に走って行きました。しかし、列車に間に合いませんでした。

2 「まだ」

☞ **not 〜 yet の形で使われている**場合 （cf. p. 171 **3**）

I haven't heard from my friend yet in Canada.
カナダに居る友人から、まだ便りが有りません。
【註】 hear from --- 「--- から便りが有る」

184

3 「もう」

☞ 《肯定疑問文》に使われている場合 （cf. p. 171 3 ）

Have you written your report yet？

もう報告書を書き終えてしまいましたか。

〈練習問題：完了形 構文〉

和訳しましょう。

1. His mother had died when he entered an elementary school.

2. How often has your father been abroad ?

3. I have never violated traffic regulations.

4. Before she moved to Osaka, she had lived in Kanagawa for ten years.

5. He had been to the T.D.L. three times before he went there with his new girl-friend.

6. I have just been to the library to return the book.

7. They have tried for 40 years to find the treasure hidden in that mountain.

8. I had brought 200,000 yen for this travel from Japan, but I spent all the money yesterday.

9. Have you ever climbed Mt. Fuji ?

10. We have lived in this house since 1970.

11. I have known Kazu for 20 years.

12. The game had already begun when we arrived at the stadium.

13. I had never spoken with a foreigner before I entered a university.

14. The concert will have finished by three.

15. I will have seen the musical three times if I see it again.

16. We will have been married for twenty years next month.

17. She has always been very kind to me since I married her.

18. I have never seen such a beautiful view.

19. I spent ten days in completing the report though I had been asked to submit it in five days.

20. When she came to my house, I had entirely forgot promising her to go
    to the museum together.

〈 解説と解答 〉

応用編

1. 彼が小学校に入学した時、彼の お母さんは死んでしまっていまし
   た。
   　　【註】had died で《過去完了》。entered（=〈過去形〉= 現在に近
   　　　　い過去の一時点）よりも前の事柄を表しています。

2. あなたのお父さんは、何回くらい外国に行ったことが有りますか。
   　　【註】(1)《現在完了構文》に How often が併用されていますか
   　　　　　ら〈経験用法〉。　（cf. p. 169 **1** ）
   　　　　(2) have been （cf. p. 180 (1) - ① ）
   　　　　(3) go abroad 「外国に行く」

3. 私は、（今までに）一度も交通違反を犯したことが有りません。
   　　【註】現在完了構文に never が併用されています。
   　　　　　　　　　　　　　　　　　　（cf. p. 169 **1** ）

4. 彼女は、大阪に転居する前に 10 年間、神奈川に住んでいました。
   　　【註】had lived で《過去完了》、for ten years で〈継続〉を表し
   　　　　ています。（cf. pp. 174, 170 **2** ）

5. 彼は、新しい恋人と一緒に行く前に、3 回、東京ディズニーランド
   に行ったことが有りました。
   　　【註】had been（to）で《過去完了》、three times で〈経験〉を
   　　　　表しています。　　（cf. pp. 174, 180 (1) - ② , 169 **1** ）

187

6. 本を返しに、ちょうど図書館に行って（戻って）きたところです。

【註】have just been to（cf. pp. 180 (1)–①, 171 3 ）

7. 彼らは、40 年の間、あの山に隠された財宝を見付けようとしてきています。

【註】(1) have tried で《現在完了》、for 40 years で〈継続〉を表しています。（cf. pp. 168, 170 2 ）

(2) hidden（cf. p. 89 1 ）

8. 私は、今回の旅行のために、日本から 20 万円 持って来ていましたが、昨日、その お金を全部 使ってしまいました。

【註】「持って来た」のは、「使った」のより前の事柄です。

（cf. p. 176 4 ）

9. あなたは今までに、富士山に登ったことが有りますか。

【註】Have climbed で《現在完了》、ever で〈経験〉を表しています。（cf. pp. 168, 169 1 ）

10. 私たちは、1970 年からこの家に住んでいます。

【註】have lived で《現在完了》、since1970 で〈継続〉を表しています。（cf. pp. 168, 170 2 ）

11. 私は、カズを 5 年間ずっと知っています。

（⇒ 私はカズとは、5 年来の知り合いです。／私がカズと知り合ってから、5 年になります。）（cf. p. 170 2 ）

12. 私たちが競技場に着いた時、試合は既に始まって（しまって）いました。（cf. p. 176 4 ）

13. 私は、大学に入るまで、1 度も外国人と話したことが有りませんでした。（cf. pp. 174, 169 1 ）

14. 3 時までには、（その）コンサートは終わってしまっているでしょう。（cf. p. 178 3 ）

15. もしも、もう 1 度そのミュージカルを見るとすると、私は それを

3回 見たことになります。(cf. p. 178 **1**)

16. 来月で、私たちは、20 年間結婚していることになるでしょう。(⇒ 来月で、私たちは、結婚して 20 年になります。)(cf. p. 178 **2**)

17. （私が）彼女と結婚して以来ずっと、彼女は常に、私に（対して）とても親切です。(cf. p. 170 **2**)

18. 私は、今までに 1 度も そのような美しい景色を見たことが有りません。

    【註】(1) have never seen （cf. pp. 168, 169 **1**)

    　　 (2) such a 単数名詞 --- ／such 複数名詞 --- 　「そのような ---」

19. 私は、5 日で提出して下さいと頼まれていたにも拘^{かかわ}らず、報告書を仕上げることに 10 日を費やし（てしまい）ました。

    【註】(1) 〈従属節〉から訳します。(cf. p. 55)

    　　 (2) completing は、「前置詞」の直後に在りますから〈目的語〉で「動名詞」です。(cf. p. 71 **2**)

    　　 (3) had been で《過去完了》。(cf. p. 174)

    　　 (4) been asked で《受動態》。(cf. p. 93)

    　　 (5) in five days 「5 日で」

20. 彼女が私の家に来た時、私は、一緒に博物館に行くことを彼女に約束したことを すっかり忘れてしまっていました。

    【註】(1) had forgot (cf. p. 176 **4**)

    　　 (2) forgot promising （cf. p. 119 (3) の ②）

    　　 (3) promise A to〜 「A に 〜することを約束する」

応用編

189

45 仮定法

《仮定法》は大別すると4つの形が在りますが、本書では、特に重要な《仮定法 過去》と《仮定法 過去完了》について学習しましょう。

---

1 仮定法 過去

(1) 基本形は、

If + S + 動詞の過去形 ～ ,
S' + would / could / should /
might + V～～.

(2) 現在、或いは、現在に関わる近未来の事実に反する仮定や願望を表わす。

(3) 「もしSが～（する）ならば、S'は～～（する）だろうに」と訳す。

☞ (1) **would** 「だろうに」

  could 「ことが出来るだろうに／ことが出来るのに」

  should 「べきだろうに／べきなのに」

  might 「かもしれないだろうに／かもしれないのに」

(2) If 節の動詞が「be 動詞」の場合は were を用いる。

(3) 〈**現在形**〉で訳す。

(4) **和訳の文末**に「**に**」を付ける。

  ⇒〈実際は、そうではない〉の意味が表せる

If he were rich, I would marry him.

もし彼が金持ちならば、私は彼と結婚するだろうに。

⇒ 実際には金持ちでないから、結婚しない

【註】和訳の最後に「に」が必要な理由：

《仮定法》を使った文は、〈事実に反する事柄〉を
表しているわけですが、「に」が無いと（＝「もし彼
が金持ちならば、私は彼と結婚するだろう」だと）、
実際には〈彼が金持ち〉なのか〈金持ちではない〉
のか、或いは、〈私が彼と結婚する〉のか〈結婚し
ない〉のかが判りません（読み取れません）。

If I attended the party, I could meet her.

もし、そのパーティーに出席するならば、彼女に会うことが出来る
だろうに。

⇒ 実際には出席しないから、会えない

---

2 仮定法 過去完了

(1) 基本形は、

If + S +過去完了形～,
S' + would / could / should /
might +現在完了形 ～～ .

(2) 過去の事実に反する仮定や願望を表わす。

(3)「もし S が ～（してい）たならば、S'
は～～（してい）ただろうに」と訳す。

☞ (1) 〈**過去形**〉で訳す。

(2) **和訳の文末**に「**に**」を付ける。

⇒ 〈実際は、そうではなかった〉の意味が表せる

If he had not been rich, I would not have married him.

もし、彼が金持ちでなかったならば、私は彼と結婚しなかっただろうに。

⇒ 実際には金持ちだったから、結婚した

If I had not attended the party, I could not have met her.

もし、そのパーティーに出席していなかったならば、彼女に会うことは出来なかっただろうに。

⇒ 実際には出席したから、会えた

《特別な形》

1 〈**If 節**〉のみを表現し、〈**主節**〉を省略する形

If I were American.

もしも、私がアメリカ人なら（なぁ）。（⇒ 仮定法 過去）

If my father could go there instead of me today.

もしも、父が今日、私の代わりに そこへ行ければ（なぁ）。

（⇒ 仮定法 過去）

If she had passed the examination.

もしも、彼女が その試験に合格していたら（なぁ）。

（⇒ 仮定法 過去完了）

If only I had waited for you a little longer.

あなたのことを もう少し（長く）待っていさえすれば（良かったのに）。（⇒ 仮定法 過去完了）

2 〈If 節〉が省略されていて、〈主節〉のみ表現する形

Japanese would not say such a thing.

日本人ならば、そのようなことは言わないだろうに。

（⇒ 仮定法 過去）

A true friend would not have said such a thing.

本当の友達だったならば、そのようなことは言わなかっただろうに。（⇒ 仮定法 過去完了）

3 願望を表す表現

I wish you could attend the party today.

あなたが、今日、そのパーティーに出席できればいいのに。

（⇒ 仮定法 過去）

【註】 "I wish" は訳しません。

I wish you could have attended the party yesterday.

あなたが、昨日、そのパーティーに出席できれば良かったのに。（⇒ 仮定法 過去完了）

4 as if を使う表現

My teacher of English speaks French very well as if she were French.

私の英語の先生は、まるでフランス人であるかのように、とても上

193

手にフランス語を話します。(⇒ 仮定法 過去)

My teacher of history talked about the culture of Italians as if he had been to Italy.

　私の歴史の先生は、まるでイタリアに行ったことが有るかのようにイタリア人の文化について話しました。(⇒ 仮定法 過去完了)

5 1つの文で2つの仮定法を使う表現

If I had finished my homework yesterday, I could go to the concert this evening.

　　もしも、昨日 宿題を終えてしまっていたならば、今夕 コンサートに行けるのに。

　　【註】If 節では、「過去(＝昨日)」のことで、しかも、「実際には終えてしまっていない」ということを表していますから、《仮定法 過去完了》を用いています。

　　　　他方、主節では、「今夕(＝現在に関わる近未来)」のことで、しかも、「実際には行くことが出来ない」ということを表していますから、《仮定法 過去》を用いています。

6　If 節であるのに If を使わない表現

Were he rich, I would marry him.

　＝ If he were rich, I would marry him.

　　【註】《仮定法 過去》の文で、if 節の動詞が「一般動詞」の場合は、この形は採らない。

Had he been rich, I would have married him.

= If he had been rich, I would have married him.

７ 副詞句を If 節の代用とする表現

(a) <u>With</u> your help, I could finish the work by the end of this week.

あなたの手助けが<u>有れば</u>、私は、今週末までには その仕事を終えることが出来るでしょうに。(⇒ 仮定法 過去)

(b) <u>With</u> your help, I could have finished the work by the end of last week.

あなたの手助けが<u>有ったならば</u>、私は、先週末までには その仕事を終えることが出来ていたでしょうに。

(⇒ 仮定法 過去完了)

(c) <u>Without</u> your help, I could not finish the work by the end of this week.

あなたの手助けが<u>無ければ</u>、私は、今週末までには その仕事を終えることが出来ないでしょうに。(⇒ 仮定法 過去)

(= <u>But for</u> your help, I ... .

= <u>If it were not for</u> your help, I ... .)

(d) <u>Without</u> his teacher's advice, my brother could not have passed the examination.

先生の助言が<u>無かったならば</u>、私の弟は その試験に合格することは出来なかったでしょうに。(⇒ 仮定法 過去完了)

(= <u>But for</u> his teacher's advice, my brother ... .

= <u>If it had not been for</u> his teacher's advice, my brother ... .)

応用編

（e）**Five days <u>ago</u>, you could have made a booking for your seat.**

5日<u>前（だった）なら</u>、席を予約することが出来たでしょうに。

（⇒ 仮定法 過去完了）

46 | would・could

　wouldとcouldについては、少なくとも以下の意味・用法を憶えましょう。

1　would

(1)「だろうに」
　　　（⇒ 仮定法 過去 ＝ 現在形で訳す）
(2)「つもりだった／だっただろう」
　　　　　　　　　　（⇒ will の過去形）
(3)「したものだ」
　　　（⇒ 過去の（不規則な）習慣・習性）
(4)「どうしても しようとした」
　　　　　　　（⇒ 過去の強い意志）

2　could

(1)「ことが出来るだろうに」
　　　（⇒ 仮定法 過去 ＝ 現在形で訳す）
(2)「ことが出来た」　　（⇒ can の過去形）

197

〈練習問題：仮定法〉

和訳しましょう。

1. I wish I had not bought such an expensive bag.

2. Without you, I would have died.

3. Were I you, I would ask my teacher for advice.

4. My brother would not eat carrots when he was a boy.

5. With enough money, my parents could have sent me to university.

6. When I was a boy, my grandfather would often take me to the zoo on weekends.

7. If I had enough time and money, I would travel around the world.

8. None of my friends could answer this question. Ken could have answered it.

9. He would not have to work any more once he married Mary.

10. If the rock had hit my car, it would have killed me.

11. Yesterday my sister would give a present to Dull, because it was his birthday.

12. He talks as if he were an expert in economics.

13. If I had left my house by 10 o'clock, I would not have missed the train.

14. I wish I knew her telephone number.

15. Had we known your home address, we would have visited your house.

16. If only I had taken her advice !

17. He would not go there with me at that time.

18. I wish you could find nice souvenirs.

19. It wouldn't have happened if his father hadn't died.

20. If it were not for Scotch whisky, I could not live.

21. One year ago, I would have accepted your proposal of marriage.

22. A secret agent would never tell you his real name.

23. She would have died if the rescue party had not found her.

24. If I had taken the medicine then, I might be fine now.

25. If it had not been for the seat belt, I would have been killed in the traffic accident.

応用編

――――――――〈 解説と解答 〉――――――――

1. 私は、その（or, あの）ような高価なバッグを買わなければ良かったのに。⇒ 実際には買ってしまった。(cf. p. 193 **3**)

2. あなたが居なければ、私は死んでしまっていたでしょうに。
(cf. p. 195 **7** の (d))

3. もしも、私があなたなら、先生に助言を求めるでしょうに。
(cf. p. 194 **6**)

【註】ask A for B 「A に B を求める」

4. 私の弟は、少年の頃、どうしても人参を食べようとしませんでした。(cf. p. 197 **1** の (4))

5. もしも充分な お金が有ったならば、私の両親は私を大学に遣ることが出来たでしょうに。 (cf. p. 195 **7** の (b))

6. 私が少年だった頃、祖父は、週末には屢々、私を動物園に連れて行ってくれたものです。 (cf. p. 197 **1** の (3))

7. もしも、私に充分な時間とお金が有るならば、私は、世界一周旅行をするだろうに。 (cf. p. 190 **1**)

8. 私の友達の内で、この質問（or, 問題）に答えられた人は1人も居ませんでした。トムなら答えることが出来たでしょうに。

(cf. pp. 197 **2** の (2), 193 **2**)

9. いったん彼がメアリーと結婚すれば（or, しさえすれば）、彼は最早、働く必要は無い（or, 無くなる）でしょうに。

　　　【註】(1) if の代わりに「従位 接続詞」の once を使って《仮定法》の文を作る場合が在ります。

　　　　　 (2) not ～ any more　「最早（or, これ以上）～（し）ない」

　　　　　 (3) not have to（cf. p. 131 **4** の［註］の(5)）

10. もしも、その岩が私の車に当たっていたならば、それは私を殺していたでしょうに。(cf. p. 191 **2**)

11. 昨日、私の妹は、ダルにプレゼントを あげるつもりでした。と言うのは、（昨日は）彼の誕生日だったからです。

　　　【註】(1) would（cf. p. 197 **1** の(2)）

　　　　　 (2) because（cf. p. 56）

12. 彼は、まるで経済学の専門家のように話します。(cf. p. 193 **4**)

13. もしも、10 時までに家を出ていたなら、その列車に乗り遅れることは なかったでしょうに。(cf. p. 191 **2**)

14. 彼女の電話番号を知っていればいいのになあ。(cf. p. 193 **3**)

15. もしも、あなたの自宅の住所を知っていたなら、あなたの家を訪ねたでしょうに。

　　　【註】Had we known　 (cf. p. 194 **6**)

16. 彼女の助言を受け入れていさえすれば（なぁ）。(cf. p. 193 **1**)

17. あの時、彼は、私と一緒に そこへ行くつもりは 有りませんでした。／あの時、彼は、どうしても私と一緒に そこへ行こうとはしませんでした。(cf. p. 197 **1** の (2) , (4))

18. あなたが素敵な お土産を見付けられればいいのに（なぁ）。

　　　　　　　　　　　　　　　　　　　　(cf. p. 193 **3**)

19. もしも、彼のお父さんが死ななかったならば、それは起こらなかったでしょうに。(cf. p. 191 **2**)

20. もしもスコッチ ウィスキーが無ければ、私は生きることが出来ないでしょうに。(cf. p. 195 **7**の (c))

   (＝Without Scotch whisky, ...

   ＝But for Scotch whisky, ...)

21. 1年前なら、あなたの求婚を受け入れていたでしょうに。

(cf. p. 196 **7**の (e))

22. 秘密諜報員なら、自分の本当の名前を（人に）教えることなど無いでしょうに (cf. p. 193 **2**)

23. もしも救助隊が彼女を見付けなかったならば、彼女は死んでいたでしょうに。(cf. p. 191 **2**)

24. もしも、あの時、薬を飲んでいたならば、今は良くなっているかもしれないのに。

   【註】If 節は〈過去〉のことを言っているから《仮定法 過去完了》、主節は〈現在〉のことを言っているから《仮定法 過去》。

   実際には、「あの時に飲まなかった」から「今も良くない」。 (cf. p. 194 **5**)

25. もしもシート・ベルトが無かったならば、私は、その交通事故で死んでいたでしょうに。 (cf. p. 195 **7**の (d))

応用編

47　比較

《比較》の構文では、「形容詞」か「副詞」を用いて〈様子・状態・程度〉の比較を行ないます。それぞれの構文の特質・構造・訳し方を憶えましょう。

1　原級 比較

☞　(1) **2つのものを較べる**場合に使います。
　　(2) ── には、「**形容詞**」か「**副詞**」の**原級**が使われます。
　　　　【註】〈原級〉とは、「動詞」の〈原形〉と同じだと考えて下さい。つまり、語尾が全く変化していない形（＝辞書の見出し語の形）のことです。

1. "**as 原級 ── as A**"
　　☞　「**A と同じくらい ──**」と訳します。

Pronouncing French is as difficult as pronouncing German.
　フランス語を発音することは、ドイツ語を発音することと同じくらい難しいです。
　　　【註】(1) ① French　② Pronouncing　③ German　④ pronouncing
　　　　　　　⑤ as as　⑥ difficult　⑦ is の順序で訳します。
　　　　(2) Pronouncing と pronouncing は共に「動名詞」で、〈主語〉の働きをしています。
　　　　(3) Pronouncing French is difficult. And pronouncing German

is difficult, too. の2つの文を1つに纏めたと考えて下さい。

He can swim as fast as our teacher of physical education.

彼は、体育の先生と同じくらい速く泳ぐことが出来ます。

　　　【註】① He　② our teacher of physical education　③ as as
　　　④ fast　⑤ swim　⑥ can の順序で訳します。

2. "**twice as 原級 ── as A**"

　☞　「**A の2倍（も）──**」と訳します。

　　　【註】twice の代わりに **three times** で「**3倍（も）**」、**four times** で「**4倍（も）**」

This pond is twice as deep as that one.

この池は、あの池の2倍も深いです。

　　　【註】one = pond

3. "**not so 原級── as A**"

　☞　「**A ほど ── ではない**」と訳します。

I can't remain underwater so long as you.

私は、あなたほど長く水中に潜っていることは出来ません。

　　　【註】アメリカ英語では、"not as ── as A" の形を使います。

4. "**as 原級── as possible**"
　"**as 原級── as 主語 can**"

　☞　(1)「**出来るだけ ──**」と訳します。

応用編

203

(2) " 主語 can" の 主語 は訳しません。

I ran as fast as possible to catch the bus.

I ran as fast as I could to catch the bus.

　私は、そのバスに乗るために出来るだけ速く走りました。

5. "**No one is as 原級 —— as A**"

　"**Nothing is as 原級 —— as A**"

　"**No (other) 単数名詞 is as 原級 —— as A**"

　☞　「**A ほど —— な人は誰も居ない**」／「**A ほど —— なものは何
も無い**」と訳します。

No one in my class can speak English as well as Kazu.

　カズほど上手に英語を話すことが出来る人は、私のクラスには誰も
(or, 1 人も) 居ません。

　私のクラスで、カズほど上手に英語を話すことが出来る人は誰も
(or, 1 人も) 居ません。

No other mountain in Japan is as high as Mt. Fuji.

　富士山ほど高い山は、日本には 1 つも在りません。

　日本で、富士山ほど高い山は 1 つも在りません。

2　比較級 比較

☞　(1) **2 つのもの**を較べる場合に使います。

　　(2) **——** には、「**形容詞**」か「**副詞**」の**比較級**が使われます。

(3) 比較級の形は、"原級 er" と "more + 原級" の 2 つが在ります。

(4) er, more は、「より／もっと／一層」と訳します。

1. "比較級 —— (than A)"

☞ 「(A よりも) より ——／もっと ——／ 一層 ——」と訳します。

I can run faster than my dog.

私は、私の犬 (or, 私が飼っている犬) よりも、もっと速く走ることが出来ます。

My brother has more books than I (have).

兄は、私 (が持っている) よりも、もっと多くの本を持っています。

【註】 more の原級は many です。

【註】 I like you more (or, better) than him.

私は、彼のことよりも あなたのことが、もっと好きです。

⇒ I like you more than I like him. の意味です。

(cf. I like you more than he (likes you).

彼が あなたのことを好きな程度よりも、もっと多く私は あなたのことが好きです。)

2. "less 原級— than A"

☞ 「A よりも、より少なく —— 」の意味ですが、日本語として

205

自然な和訳にするには、〈原級〉の語の意味の反対語を使って、「A よりも ——」と訳します。

He is less tall than I.

彼は、私よりも、より少なく背が高いです。

⇒ 彼は、私よりも背が低いです。

These shoes are less good than yours.

こ（れら）の靴は、あなたの靴よりも、より少なく良いです。

⇒ こ（れら）の靴は、あなたの靴よりも悪いです。

3. "**twice　比較級**—— **than　A**"

☞　「**A** よりも、**2** 倍（も）——」と訳します。

【註】twice の代わりに **three　times** で「**3** 倍（も）」、**four times** で「**4** 倍（も）」

This room is twice larger than that one.

この部屋は、あの部屋の 2 倍も大きいです。

4. "**数**〜〜〜＋ **more** ＋**名詞** -----(**s**)"

☞　「更に〜〜〜（だけ）の -----」と訳します。

My teacher showed me two more reference books.

（私の）先生は、更に 2 冊の参考書を私に示して（教えて）くれました。

5. "**two years older than A**"，"**three metres deeper than A**"，"**ten**

centimetres taller than A" など

☞ 「**A** よりも **2** 歳 年上」、「**A** よりも **3** メートル深い」「**A** よりも **10** センチメートル背が高い」と訳します。

I am five kilogrammes heavier than my father.

　私は、父より 5 キロ重い（or, 体重が多い）です。

6. "**No one is** 比較級―― **than A**"

　"**Nothing is** 比較級―― **than A**"

　"**No（other）**単数名詞 **is** 比較級―― **than A**"

　　☞ 「**A** よりも ―― 人は誰も居ない」／「**A** よりも ―― ものは何も無い」と訳します。

No one in my school is better at mathematics than Eric.

　私の学校で、エリックより数学が得意な人は誰も居ません。

　　【註】better は good の比較級。

7. "比較級 ―― **than any other** 単数名詞 **---**"

　　☞ 「他のいかなる --- よりも、より ―― 」と訳します。

Greenland is larger than any other island in the world.

　グリーンランドは、世界に在る他の いかなる島よりも大きいです。

8. "**the** 比較級 ――"

　　☞ 「（全体を大きく 2 つに分けた内の）より ―― の方」と訳します。

　　【註】分けられた 2 つは〈等分〉でなくても構いません。

207

I cut the cake into two. You may take the larger one.

ケーキを 2 つに切りました。大きい方を取って いいですよ。

9. "much 比較級——", "a little 比較級——"

☞ 「ずっと ——／遥かに ——」、「少し（だけ）——」と訳します。

My sister can play the piano much better than I.

妹は、私よりも遥かに上手にピアノを弾くことが出来ます。

My sister can play the piano a little better than I.

妹は、私よりも少し（だけ）上手にピアノを弾くことが出来ます。

10. "比較級—— and 比較級——"

☞ 「ますます ——」と訳します。

The tree is growing taller and taller.

その木は、ますます高くなってきています。

11. "The 比較級—— S^1 + V^1, the 比較級——— S^2 + V^2."

☞ 「S^1 が より —— であれば あるほど、S^2 は より ——」と訳します。

The higher we go up, the thinner the air becomes.

より高い所に行けば行くほど、空気は より薄くなります。

3 最上級 比較

☞ (1) **3**つ以上のものを較べる場合に使います。

(2) —— には、「形容詞」か「副詞」の最上級が使われます。

(3) 最上級の形は、"原級 **est**" と "**most**＋原級" の2つが在ります。

(4) **est**, **most** は、「最も／一番」と訳します。

応用編

1. "最上級—— **in** 単数名詞 ---"

☞ 「--- (の中) で 最も ——／一番 ——」と訳します。

Jerk is the most cheerful in my class.

ジャークは、私のクラスで一番 陽気です。

2. "最上級—— **of** 複数名詞 ---"

☞ 「--- (の中) で 最も ——／一番 ——」と訳します。

Idiot can run fastest of us ten.

イディオットは、私たち10人の中で最も速く走ることが出来ます。

3. "最上級—— **of all**"

☞ 「総ての中で 最も ——／一番 ——」と訳します。

I like this flower best of all the flowers in the garden.

私は、庭に咲いている総ての花の中で、この花が一番 好きです。

209

4. "**the** ＋序数詞〜〜〜＋最上級────（**to**（or, **after**）---）"

☞ 「（--- に次いで）〜〜〜番目に ────」と訳します。

Lake Victoria is the third largest lake to Lake Superior in the world.

ヴィクトリア湖は、スペリオル湖に次いで、世界で 3 番目に大きな湖です。

5. "**by far** 最上級────"

☞ 「遥かに ────」と訳します。

This room is by far the best one in this hotel.

この部屋は、このホテルで群を抜いた最上級の部屋です。

6. "**the least** 原級────"

☞ 「最も少なく────」の意味ですが、日本語として自然な和訳にするには、〈原級〉の語の意味の反対語を使って、「最も────」と訳します。

This egg is the least big one of these ten.

この卵は、これら 10 個の中で最も少なく大きいもの（卵）です。

⇒ この卵は、これら 10 個の中で最も小さいもの（卵）です。

〈知っ得 情報！〉
―不規則な変化をする語・特殊な形を取る語―

（1）以下の語は、語尾に er や est を付けたり、直前に more や most を置いたりすることによって〈比較級〉や〈最上級〉を表すのではなくて、不規則な変化をする語です。

原級（意味）	比較級	最上級
many（多くの）	**more**	**most**
much（多くの／多く）	**more**	**most**
good（良い／上手な）	**better**	**best**
well（良く／上手に）	**better**	**best**
little（少ない）	**less**	**least**
bad（悪い／ひどい）	**worse**	**worst**

（2）以下の語は、語尾に er を付けたり、直前に more を置いたり、than を併用したりすることによって〈比較級〉を表すのではなくて、特殊な形を取る語です。

- **superior to** --- 「--- よりも優れている」
- **inferior to** --- 「--- よりも劣っている」
- **senior to** --- 「--- よりも年上である」
- **junior to** --- 「--- よりも年下である」

応用編

――――――― 〈練習問題：比較〉 ―――――――

和訳しましょう。

1. Your jogging shoes are half as heavy as mine.

2. Humans are superior to monkeys in intelligence.

3. This horse runs less fast than that one.

4. The doctor came as quickly as he could.

5. Your elder brother has ten times more CDs than I.

6. Lake Baikal is deeper than any other lake in the world.

7. In the examination of English, I got the second worst marks to Jerk in my class.

8. Call the ambulance as soon as possible !

9. No other mountain in Europe is as high as Mont Blanc.

10. My father has five times as many books as you.

11. I chose the smaller one of the two puppies.

12. Five million more people visited the museum last year.

13. This watch is the least expensive of the ten.

14. Small is the fifth tallest student in his class.

15. No other country has larger population than China.

――――――― 〈 解説と解答 〉 ―――――――

1. あなたのジョギング・シューズは、私のもの（私の靴）の半分の重さです。（cf. p. 203 **1** の 2.）

2. 人間は、知性に於いて猿より優れています。

(cf. p. 211〈知っ得 情報！〉(2))

3. この馬は、あの馬よりも、より少なく速く走ります。

⇒ この馬は、あの馬よりも走るのが遅いです。

(cf. p. 205 の 2.)

4. その医者は、出来るだけ迅速にやって来ました。

(cf. p. 203 の 4.)

5. あなたの お兄さんは、私の 10 倍も多くの CD を持っています。

(cf. p. 206 の 3.)

6. バイカル湖は、世界の他のいかなる湖よりも深いです。

(cf. p. 207 の 7.)

7. 英語の試験で、私は、ジャークに次いでクラスで 2 番目に悪い点数
を取ってしまいました。(cf. p. 210 の 4.)

8. 出来るだけ早く救急車を呼びなさい。

(cf.〈命令文〉(p. 64 **1**)、p. 203 の 4.)

9. モンブランほど高い山は、ヨーロッパには他に在りません。

(cf. p. 204 の 5.)

10. 父は、あなたの 5 倍も多くの本を持っています。

(cf. p. 203 の 2.)

11. 私は、その 2 匹の子犬の内、小さい方を選びました。

(cf. p. 207 の 8.)

12. 更に 500 万もの人々が、昨年、その博物館を訪問しました。

(cf. p. 206 の 4.)

13. この腕時計は、その 10 個の中では最も少なく値段の高いものです。

⇒この腕時計は、その 10 個の中では最も値段が安いです。

(cf. p. 210 の 6.)

14. スモールは、彼のクラスで 5 番目に背の高い生徒です。

応用編

(cf. p. 210 の 4.)

15. 中国より人口の多い国は 1 つも在りません。(cf. p. 207 の 6.)

応用編

48 "too … to 〜" 構文

---

too 形容詞／副詞 ―― (for A) to 動詞の原形〜

☞ 「(**A** が) 〜するには ―― 過ぎる」

「〜するには (**A** には) ―― 過ぎる」

「余りにも ―― ので、(**A** には) 〜することが出来ない」

「―― 過ぎて、(**A** には) 〜することが出来ない」

のいずれかの訳し方をします。

The dog ran too fast for my brother to catch.

その犬は、余りにも速く走ったので、私の弟には捕まえることが出来ませんでした。

This curry is too spicy for me to eat.

このカレーは辛過ぎて、私には食べることが出来ません。

215

〈知っ得 情報！〉
―too について―

1 《"too ── to ～"構文》で to ～ の部分が省略されている場合が在りますが、必ず "to ～" の意味（＝「～することが出来ない」）を補って読解するようにしましょう。

又、too を「とても」と訳す人が居ますが、それは誤りです。「とても」（＝ **very**）は〈許容範囲内〉の状態であり、「── 過ぎる」（＝ **too** ─）は〈許容範囲を超える〉状態を表します。

> （cf. This coffee is very hot.
>
> このコーヒーは、とても熱い。
>
> ⇒ 熱いけれども飲める）
>
> This coffee is too hot for me.
>
> このコーヒーは、私にとっては熱過ぎる。
>
> ⇒ 熱過ぎて飲めない）

2 too は、「過ぎる」と訳す場合と「も又」と訳す場合の 2 通りが在ります。その見分け方は、以下の通りです。

(1) **too** の後に「形容詞」か「副詞」が使われている場合は「過ぎる」と訳す。

(2) **それ以外の場合は、「も又」と訳す。**

> 【註】この場合、既に述べられている〈何〉に対して〈も又〉と言っているのかを読み取っていく必要が有ります。
>
> つまり、「訳す」行為と「内容を読解する」行為とは、必ずしも同じではないということです。

216

（cf. He likes apples, and I like apples too.

彼は林檎が好きです。**私も**、林檎が好きです。

⇒「彼」と「私」を併記しています。

I like apples. I like bananas too.

私は林檎が好きです。私は、**バナナも**好きです。

⇒「林檎」と「バナナ」を併記しています。）

49 " ── enough to ～" 構文

形容詞／副詞 ── enough (for A) to 動詞の原形～

☞ 「(A にも) ～することが出来るほど 充分 ── 」
　「充分 ── ので (A にも) ～することが出来る」
のどちらかの訳し方をします。

She was kind enough to carry my luggage.
　彼女は、私の手荷物を運んでくれるほど（充分）親切でした。

My brother is tall enough to touch the ceiling.
　弟は、天井に手が付くほど（充分）背が高いです。
　弟は、充分 背が高いので、天井に触ることが出来ます。

50 that を用いた構文（1）： "so —— that S+V〜" 構文

　(1)「動名詞」と「現在分詞」（＝〜ing 形）、(2)「過去分詞」（＝〜ed 形）、(3) that を用いた構文、(4)「等位接続詞」は、長い文や構造の複雑な文を作る時には必要不可欠な構文です。

　ですから、**長文の和訳・読解に強くなりたいのであれば**、**絶対に克服しなければならないもの**だと言えます。

　"that 構文"の中でも特に重要なものとして、6 種類・10 通りの構文が在りますが、「大原則」 6 （p. 12 の (1)） に在るように、文の途中に単独で使われている **S ＋ V の直前に that を補える**かどうかが、"that 構文"克服の分かれ目になります。

　では、それぞれの構文の〈基本形〉〈見分け方〉〈訳し方〉について学習しましょう。

　先ずは、《"so —— that S ＋ V〜"構文》についてです。

"so —— that S ＋ V〜" 構文

1　"**so** ＋形容詞／副詞—— ＋（**that**）**S** ＋ **V**"の語順です。

2　**that は省略可能**です。

3　「**非常に** —— **ので S ＋ V〜**」と訳します。

He spoke English so fast I could not understand him.

　彼は、非常に速く英語を話したので、私は彼の言うことを理解する

219

ことが出来ませんでした。

〈なっとく！ 考え方〉

　文の途中に、単独で S + V（= I could ... him）が在りますから、I の直前に that を補います（cf.「大原則」 6 （p. 12 の (1)）。すると、"so + 副詞 + that + S + V" の形になりますから、この文は《"so —— that S + V〜" 構文》だということが判ります。

　《"so —— that S + V〜" 構文》を訳す場合は、先ず、① 文頭から that の直前まで（=〈節〉）　② that　③ 残りの部分（=〈節〉）の 3 つの部分に分けます。

　①の部分も②の部分も〈節〉ですから、「大原則」 2 （p. 10 (1)）に従って和訳を行ないます。

　そうすると、以下のような順序になります。

　① He　② so fast　④ English　⑤ spoke　⑥ that　⑦ I

　⑧ him　⑨ understand　⑩ could not

　　【註】 so fast は「副詞 + 副詞」の語順ですから、｛ひと纏まり｝ として、訳す時は、〈前の副詞 → 後ろの副詞〉の順序で行なうのでしたね。（cf. p. 43 3 ）

51 thatを用いた構文（2）：
"such ―― that S + V〜" 構文

1 "**such** + 形容詞 + 名詞 --- + (**that**) **S** + **V**〜"
　の語順です。
2 **that** は省略可能です。
3 「非常に ―― ので **S** + **V**〜」と訳します。

She designer makes such fine dresses many women want them.

　そのデザイナーは、非常に素敵なドレスを作るので、多くの女性がそれ（ら）を欲しがります。

　〈なっとく！ 考え方〉

　　文の途中に単独でS + V（= many women ... them）が在りますから、many women の直前に that を補います。すると、"such + 形容詞 + 名詞 + S + V"の形になりますから、この文は《"such ―― that S + V〜"構文》だということが判ります。

　　《"such ―― that S + V〜"構文》を訳す場合は、先ず、① 文頭から that の直前まで（=〈節〉）　② that　③ 残りの部分（=〈節〉）の3つの部分に分けます。

　　①の部分も②の部分も〈節〉ですから、「大原則」**2** （p.10 (1)）に従って和訳を行ないます。

　　そうすると、以下のような順序になります。

　　　① She　② such fine dresses　④ makes　⑤ that
　　　⑥ many women　⑦ them　⑧ want

221

【註】 "such fine dresses" と "many women" は「連成名詞」です。

応用編

52 that を用いた構文（3）：形式主語構文

1　主語の **It** は和訳しません。
2　**that** は省略可能です。
3　「**S** + **V** ということ（or, というの）は（or, が）**---** である」と訳します。
4　"**It is** 名詞 **---**／形容詞 **——**（**for A**）**to** 動詞の原形〜"の形も〈形式主語構文〉です。
　　⇒「〜することは、（**A** にとって）**---**／**——** である」と訳します。

応用編

(a) "**It is** + 名詞 **---**（**that**）**S** + **V**"

It is a lie he won full marks in an English examination.

彼が英語の試験で満点を取ったということは、嘘です。

〈なっとく！　考え方〉

　文の途中に、単独で S + V（= he won ... examination）が在りますから、he の直前に that を補います。すると、"It is + 名詞 + that + S + V"の形になりますから、この文は《形式主語構文》だということが判ります。

　文は、大きく2つの部分（=〈主部〉と〈述部〉）に分けることが出来ましたね。(cf.「大原則」 **1** (p. 10))

　この文は、It｜is ... examination と分けることが出来、① It（=〈主部〉）② is ... examination（=〈述部〉）の順序で訳します。

223

〈述部〉は、先ず、is ｜ a lie ｜ that he ... examination（⇒ "that
節" は ｛ひと纏まり｝）と３つに分けることが出来、訳す順序は、
「大原則」 **2**（p. 10）に従って、① that he ... examination　② a lie
③ is となります。

　上記 ① の部分は〈節〉ですから、「大原則」 **2** の (1) に
従って、① he　② an English examination　③ in　④ full marks
⑤ won　⑥ that の順序で訳します。

　「大原則」 **2** に従うと、「主語を訳した後は、文末から前へと
順に訳していく」わけですが、《形式主語構文》では〈主語〉の It
は和訳しませんから、上記 ①〜⑥の順序で訳し、その後、⑦ a lie
⑧ is を訳せば終了です。

　【註】 (1) lie には「名詞」「他動詞」「自動詞」の働きが在りま
　　　　　すが、直前に「冠詞」（＝ a）が使われているので、「名
　　　　　詞」であると言えます。（cf. p. 90 **1** (2)）

　　　　 (2) "It is ＋名詞 ---（that）S ＋ V " の形は、〈強調構文〉
　　　　　や〈関係代名詞・目的格〉の場合も在ります。

　　　　　　　　（cf. p. 228 の **2** , p. 238 **2 目的格** の (3)）

　　　　　　尚、〈関係代名詞・目的格〉の場合、主語 It は和訳し
　　　　ます。

(b) "**It is** ＋形容詞──＋（**that**）**S ＋ V** "

　It is impossible I jump over this river.

　　私が この川を飛び越えるということは、不可能です。

　　〈なっとく！ 考え方〉

　　　 I の直前に that を補うと、"It is ＋形容詞＋ that ＋ S ＋ V "
　　の形になりますから、この文は《形式主語構文》です。

　　　この文を〈主部〉と〈述部〉とに分けると、It ｜ is ... this

river となり、① It ② is ... this river の順序で訳します。

〈述部〉は、先ず、is｜impossible｜that I ... this river（⇒ "that 節" は｛ひと纏まり｝）と 3 つに分けることが出来、訳す順序は、「大原則」**2**（p. 10）に従って、① that I ... this river ② impossible ③ is となります。

上記①の部分は〈節〉ですから、「大原則」**2** の（1）に従って、① I ② this river ③ jump over ④ that の順序で訳します。

「大原則」**2** に従うと、「主語を訳した後は、文末から前へと順に訳していく」わけですが、《形式主語構文》では〈主語〉の It は和訳しませんから、上記 ①〜④ の順序で訳し、その後、⑤ impossible ⑥ is を訳せば終了です。

（c）"It ＋ 受動態 ＋（that）S ＋ V"

It was reported the suspect was innocent of the crime.

その容疑者は、その犯罪に関しては無罪だということが報じられ（or, 報道され）ました。

〈なっとく！ 考え方〉

the suspect の直前に that 補うと、"It ＋ 受動態 ＋ that ＋ S ＋ V" の形になりますから、この文は《形式主語構文》です。

この文を〈主部〉と〈述部〉とに分けると、It｜was ... the crime となり、① It ② was ... the crime の順序で訳します。

〈述部〉は、先ず、was reported｜that the suspect ... the crime と分けることが出来（⇒《受動態》は、"be 動詞＋過去分詞" で「動詞」1 語扱い（cf. p. 93 ☞の（1））、訳す順序は、① that the suspect ... the crime ② was reported となります。

225

上記①の部分は〈節〉ですから、「大原則」**2**の(1)に従って、①the suspect ②the crime ③of ④innocent ⑤was ⑥that の順序で訳します。

《形式主語構文》では〈主語〉のItは和訳しませんから、上記①～⑥の順序で訳し、その後、was reportedを訳せば終了です。

(d) "**It** + 自動詞 + (**that**) **S** + **V**"

It proved false she witnessed a UFO.

彼女がUFOを目撃したということは嘘である、ということが判明しました。

〈**なっとく！ 考え方**〉

sheの直前に that補うと、"It + 自動詞 + that + S + V"の形になりますから、この文は《形式主語構文》です。

この文を〈主部〉と〈述部〉とに分けると、It｜proved ... a UFOとなり、①It ②proved ... a UFOの順序で訳します。

〈述部〉は、先ず、proved｜false｜that she ... a UFOと3つに分けることが出来、訳す順序は、①that she ... a UFO ②false ③provedとなります。

上記①の部分は〈節〉ですから、①she ② a UFO ③witnessed ④that の順序で訳し、その後、⑤false ⑥provedを訳せば終了です。

【註】(1) prove + 形容詞——「—— であると判明する」

(2) proveには「他動詞」(＝を証明する)と「自動詞」(＝であると判明する)の働きが在りますが、直後に〈目的語〉に当たる「名詞」が在りません(⇒falseは「形容詞」)。

従って、prove は「自動詞」であると言えます。

(e) "**It is** ＋名詞 --- (＋ **for A**) ＋ **to** 動詞の原形～"

It is an idea for you to ask your father for advice on the matter.

その件に関して助言をお父さんに求めることは、あなたにとって1つの考えです。

【註】(1) 主語 It は訳しませんから、文末から前へ順に訳していきます。

① the matter　② on　③ advice　④ for　⑤ your father　⑥ ask　⑦ to　⑧ you　⑨ for　⑩ an idea　⑪ is

(2) ask A for B　「B を A に求める」

(f) "**It is** ＋形容詞 ── (＋ **for A**) ＋ **to** 動詞の原形～"

It is dangerous to swim in a stormy sea.

荒れた海で泳ぐことは危険です。

【註】 主語 It は訳しませんから、文末から前へ順に訳していきます。

① a stormy sea　② in　③ swim　④ to
⑤ dangerous　⑥ is

応用編

227

that を用いた構文（4）：強調構文

1 　主語の **It** は和訳しません。
2 　"**It is** 名詞／副詞（句）／前置詞句／従位接続詞節 +（**that** +）S + V" の形を取ります。
　　(1)　「S + V のは、--- である」と訳します。
　　(2)　**that** は省略可能です。
3 　"**It is** 名詞 + **that** + V〜" の形を取ります。
　　　「〜するのは --- である」と訳します。

（a）It is this sweater my mother knitted for me.
　　母が私に編んでくれたのは、このセーターです。
　　〈なっとく！ 考え方〉
　　　my mother の直前に that を補って考えます。すると "It is + 名詞 + that S + V" の形になりますから、この文は《強調構文》だということが判ります。
　　　文は、大きく2つの部分（=〈主部〉と〈述部〉）に分けることが出来ましたね。(cf.「大原則」 1 (p. 10))
　　　この文は、It ｜ is ... for me と分けることが出来、① It (=〈主部〉)　② is ... for me (=〈述部〉) の順序で訳します。
　　　〈述部〉は、先ず、is ｜ this sweater ｜ that my mother ... for

me と分けることが出来、訳す順序は、「大原則」**2**（p. 10）に従って、① that my mother ... for me　② this sweater　③ is となります。

　上記①の部分は〈節〉ですから、「大原則」**2**の（1）に従って、① my mother　② me　③ for　④ knitted　⑤ that の順序で訳します。

　「大原則」**2**に従うと、「主語を訳した後は、文末から前へと順に訳していく」わけですが、《強調構文》では〈主語〉の It は和訳しませんから、上記①～⑤の順序で訳し、その後、⑥ this sweater　⑦ is を訳せば終了です。

　　【註】（1）「名詞」を that 以下（のどこか）に置くことが出来ます。

　　　　　　⇒ My mother knitted this sweater for me.

　　　　（2）"It is ＋名詞（that）S ＋ V" の形は、〈形式主語構文〉や〈関係代名詞・目的格〉の場合も在ります。

　　　　　　（cf. pp. 223 の（a）, 238 **2 目的格**の（3））

　　　　　　尚、〈関係代名詞・目的格〉の場合、〈主語〉It は和訳します。

（b）**It is the day before yesterday I went to see the film.**

私が その映画を見に行ったのは、一昨日です。

〈なっとく！考え方〉

　I の直前に that を補って考えます。すると、"It is ＋副詞＋ that S ＋ V" の形になりますから、この文は《強調構文》だということが判ります。

　この文は、It ｜ is ... the film　と分けることが出来、① It

②is … the film の順序で訳します。

〈述部〉は、先ず、is｜the day before yesterday｜that I … the film と分けることが出来、訳す順序は、「大原則」**2**（p. 10）に従って、① that I … the film ② the day before yesterday ③ is となります。

上記①の部分は〈節〉ですから、「大原則」**2**の（1）に従って、① I ② the film ③ see ④ to ⑤ went ⑥ that の順序で訳します。

《強調構文》では〈主語〉の It は和訳しませんから、上記①〜⑥の順序で訳し、その後、⑦ the day before yesterday ⑧ is を訳せば終了です。

（c） **It was with my father I went to the zoo last Sunday.**

　　　私が先週の日曜日に その動物園に行ったのは、父と一緒（に）でした。

〈なっとく！ 考え方〉

　I の直前に that を補って考えます。すると、"It is ＋前置詞句 ＋ that ＋ S ＋ V" の形になりますから《強調構文》だということが判ります。

　この文は、It｜was … last Sunday と分けることが出来、① It ② was … last Sunday の順序で訳します。

　〈述部〉は、先ず、was｜with｜my father｜that I … last Sunday と分けることが出来、訳す順序は、① that I … last Sunday ② my father ③ with ④ was となります。

　上記①の部分は、① I ② last Sunday ③ the zoo ④ to ⑤ went ⑥ that の順序で訳します。

　《強調構文》では〈主語〉の It は和訳しませんから、上記

①～⑥の順序で訳し、その後、⑦ my father ⑧ with ⑨ was を訳せば終了です。

(d) **It is when she was 10 years old my elder sister went to London for the first time.**

私の姉が初めてロンドンに行ったのは、（彼女が）10 歳の（or, だった）時です。

〈なっとく！考え方〉

my elder sister の直前に that を補って考えます。すると、"It is + 従位接続詞節 + that + S + V" の形になりますから《強調構文》だということが判ります。

この文は、It｜is ... the first time と分けることが出来、① It ② is ... the first time の順序で訳します。

〈述部〉は、先ず、is｜when she was 10 years old｜that my elder sister … the first time と 3 つに分けることが出来（⇒ when ... 10 years old と that she … the first time は〈節〉で｛ひと纏まり｝）、訳す順序は、① that my elder sister ... the first time ② when ... 10 years old ③ is となります。

上記 ① の部分は〈節〉ですから、① my elder sister ② for the first time ③ London ④ to ⑤ went ⑥ that の順序で訳し、又、上記（前段落）の ② の部分も〈節〉ですから、① she ② 10 years old ③ was ④ when の順序で訳します。

《強調構文》では〈主語〉の It は和訳しませんから、上記 ① の部分（① my elder sister ② for the first time ③ London ④ to ⑤ went ⑥ that ）、次に、上記 ② の部分（① she ② 10 years old ③ was ④ when）を訳し、その後、is を訳せば終了です。

【註】for the first time 「初めて」

（e）**It is my younger brother that helped Mother to cook supper yesterday.**

昨日 母が夕食を作るのを手伝ったのは、弟です。

〈なっとく！考え方〉

　"It is + 名詞 + that + V～" の形ですから《強調構文》だということが判ります。

　この文は、It ｜ is ... yesterday　と分けることが出来、① It ② is ... yesterday の順序で訳します。

　〈述部〉は、先ず、is ｜ my younger brother ｜ that helped ... yesterday　と3つに分けることが出来、訳す順序は、① that … yesterday　② my younger brother　③ is となります。

　通常だと「〈主語〉を訳した後、文末から前へ」と訳して行きますが、上記①の部分に在る that は（helped の）〈主語〉ではありません。ですから、「文末（節末）から前へ」の訳仕方をして、① yesterday　② Mother　③ supper　④ cook　⑤ to ⑥ helped　⑦ that の順序で訳します。

　その後、⑧ my younger　⑨ is を訳せば終了です。

【註】（1）"help A to 動詞の原形～"（cf. p. 158 **6** ）

　　　（2）"It is --- + that + V～" の形は、〈関係代名詞・主格〉の場合も在ります。

（cf. p. 233 の **1 主格** の（2））

54 that を用いた構文（5）：「関係代名詞」

名詞の（直）後に置かれ、その名詞（＝〈先行詞〉と呼ばれます）に掛かっていきます。

1 主格

(1) 〈先行詞〉が人間の場合には **who**、人間以外の場合には **which** を使うことも出来ますが、〈先行詞〉の種類を問わず、**that** を使用することが出来ます。
(2) 語順は、"先行詞＋ **that** / **who** / **which** ＋動詞"
(3) 〈関係代名詞・主格〉は、〈関係代名詞節〉の〈主語〉の働きをします。
(4) that / who / which の直後に置かれる「動詞」は、〈先行詞〉に対応します。
(5) 直前に「 , 」が無い場合、「関係代名詞」は訳しません。
(6) 直前に「 , 」が在る場合は、先ず「 , 」までの部分を訳します。
　次に、「 , 」を **and** / **but** / **because** のいずれかの意味で訳し、その後〈関係代名詞節〉を訳しますが、「関係代名詞」は、「彼は」「彼女は」「それ（ら）は」「そのことは」などと訳します。

（a） I know the boys that broke the window of your house.

私は、あなたの家の窓を壊した少年たちを知っています。

〈なっとく！ 考え方〉

この文は、I ｜ know ... your house （＝〈主部〉 と 〈述部〉）と分けることが出来、① I ② know ... your house の順序で訳します。

〈述部〉は、先ず、know ｜ the boys ｜ that ... your house と分けることが出来、訳す順序は、① that ... your house ② the boys ③ know となります。

上記①の部分は〈節〉ですから、① that ② your house ③ of ④ the window ⑤ broke の順序で訳しますが、① that は〈関係代名詞・主格〉です （⇒ the boys that broke ＝ "名詞＋ that ＋動詞"）。

〈「関係代名詞」は訳さない〉（cf. **1 主格** (5) （p. 233)） のですから、① your house ② of ③ the window ④ broke （⑤ the boys）と、後ろから前へ訳していきます。

（b） The man that laid out this house is a famous architect.

この家を設計した人は、有名な建築家です。

〈なっとく！ 考え方〉

この文は、The man ... this house ｜ is a famous architect と分けることが出来ます。

〈主部〉は、先ず、The man ｜ that laid out this house と分けることが出来、訳す順序は、① that ... this house ② the man となります。

上記①の部分は〈節〉ですから、① that ② this house ③ laid out の順序で訳しますが、① that は〈関係代名詞・主

格〉です（⇒ the man that laid out ＝ "名詞＋that＋動詞"）。

〈「関係代名詞」は訳さない〉（cf. **1 主格** (5)（p. 233））のですから、① this house　② laid out　③（the man）と、後ろから前へ訳していきます。

その後、〈述部〉を訳せば終了です（⇒① a famous architect　② is）。

【註】lay out　「を設計する」

（c）**She is one of my friends that are good at tennis.**

彼女は、テニスが得意な私の友達の内の 1 人です。

〈**なっとく！考え方**〉

この文は、She ｜ is ... at tennis と分けることが出来ます。

〈述部〉は、先ず、is ｜ one ｜ of ｜ my friends ｜ that ... at tennis と分けることが出来、訳す順序は、① that ... at tennis　② my friends　③ of　④ one　⑤ is となります。

上記①の部分は〈節〉ですから、① that　② tennis　③ at　④ good　⑤ are の順序で訳しますが、① that は〈関係代名詞・主格〉です（⇒ my friends that are ＝ "名詞＋that＋動詞"）。

〈「関係代名詞」は訳さない〉（cf. **1 主格** (5)（p. 233） のですから、① tennis　② at　③ good　④ are の順序で訳し、その後、⑤ my friends　⑥ of　⑦ one　⑧ is を訳せば終了です。

【註】（1）one of 複数名詞 --- 「--- の内の 1 人（1 つ）」
　　　（2）be good at 「が得意である」

(d) She is the only one of my friends that is good at tennis.

彼女は、私の友達の内で、テニスが得意な唯一の人です。

〈なっとく！考え方〉

この文は、She ｜ is ... at tennis と分けることが出来ます。

〈述部〉は、先ず、is ｜ the only one ｜ of ｜ my friends ｜ that ... at tennis と分けることが出来、訳す順序は、① that ... at tennis ② my friends ③ of ④ the only one ⑤ is となります。

上記①の部分は〈節〉ですから、① that ② tennis ③ at ④ good ⑤ is の順序で訳しますが、① that は〈関係代名詞・主格〉です（⇒ my friends that are ＝ "名詞＋ that ＋動詞"）。

〈「関係代名詞」は訳さない〉（cf. $\boxed{1}$ 主格 (5)（p. 233））のですから、① tennis ② at ③ good ④ are の順序で訳します。すると、(d) の文は、訳す順序が (c) と同じになりますね。

ところが、(c) の文と (d) の文とを較べてみると、that の直後の「動詞」が are であるか is であるという点で異なっています。

$\boxed{1}$ 主格 (4)（p. 233）に、「〈関係代名詞・主格〉の直後に置かれる「動詞」は〈先行詞〉に対応する」と在りますよね。(c) の文では are が使われていますから、〈関係代名詞節〉の〈先行詞〉は "you" か "複数形の「名詞」" のどちらかであることが判ります。直前に my friends が在りますから、これが〈先行詞〉です。

一方、(d) の文では、that の直後の「動詞」は is ですから、〈関係代名詞節〉の〈先行詞〉は《三人称単数》の「名

詞」でなければなりません。

that の直前には、〈先行詞〉に当たる「名詞」（= my friends）が在りますが、それは〈複数形〉ですから、〈関係代名詞節〉の〈先行詞〉には成り得ません。

my friends から前に遡って行くと、最初に出てくる《三人称 単数》の名詞は the only one で、これが〈先行詞〉です。

そうすると、that ... tennis の直前に the only one を置く形にしなくてはなりませんから、of my friends（＝私の友達の内で）を文頭か文末に移して、① Of my friends she is the only one that is good at tennis. か ② She is the only one that is good at tennis of my friends.　と変形して考えなくてはなりません。

【註】of 複数名詞 ---　「--- の内で」

(e) **Half an hour ago I spoke to a foreigner in English, who could not understand English.**

30 分前に、私は、英語で外国人に話し掛けました。ところが、その人は英語を解することが出来ませんでした。

〈**なっとく！考え方**〉

who の直前には名詞（= English）が在りますが、who は人間を〈先行詞〉に取る「関係代名詞」ですから、English は〈先行詞〉ではないことが判ります。

前に遡って行くと、最初に出て来る人間を表す「名詞」は a foreigner ですから、これが〈先行詞〉です。

「関係代名詞」who の直前に「, 」が在りますから、 1 主格 (6)（p. 233）に従って訳します。

(f) Because my mother was ill in bed I cooked supper yesterday, which made her happy.

母が病気で床に就いていたので、昨日、私が夕食を作ったのですが、そのことが母を嬉しい気持ちにしました。

〈なっとく！考え方〉

which の先行詞（which が指している内容）は、I cooked supper です。

【註】(1) ill in bed 「病気で床に就いている／寝ている」

(2) make her happy (cf. p.163 **7**)

2　目的格

(1) 〈先行詞〉が人間の場合には **whom** 、人間以外の場合には **which** を使うことも出来ます。

(2) **that, whom, which** は省略可能です。

(3) 語順は、"先行詞（＝名詞）＋（**that／whom／which**）＋ **S ＋ V**"

(4) 〈関係代名詞節〉に〈目的語〉が必要であるにも拘らず、〈目的語〉が在りません

　　⇒〈関係代名詞・目的格〉が、〈関係代名詞節〉の〈目的語〉の働きをしています。

(5) 直前に「,」が無い場合、「関係代名詞」は訳しません。

(6) 文末や節末の「前置詞」は訳しません。

(7) 直前に「,」が在る場合は、先ず「,」までの部分を訳します。次に、「,」を **and ／ but ／ because** のいずれかの意味で訳し、その後〈関係代名詞節〉を訳しますが、「関係代名詞」は、「彼は」「彼女は」

「それ（ら）は」「そのことは」（⇒　直前の〈文〉や〈節〉が〈先行詞〉）などと訳します。

　　⇒ 直前に「，」が在る場合、「関係代名詞」は省略できません。

（a）**The woman you saw near the bank yesterday is my aunt.**

　　あなたが昨日 銀行の近くで見掛けた女性は、私の叔母です。

　　〈なっとく！ 考え方〉

　　　この文は、The woman ... yesterday ｜ is my aunt と分ける
　　ことが出来、① The woman ... yesterday　② is my aunt の順
　　序で訳します。

　　　〈主部〉（＝① の部分）には、文の途中にS ＋ V （＝ you
　　saw）が単独で使われていますから、you の前に that を補い
　　ます。

　　　that の前後を見ると、"名詞 ＋ that ＋ S ＋ V" の語順で、
　　しかも、〈that 節〉には（他動詞 saw の）〈目的語〉が必要で
　　あるにも拘らず書かれていません。

　　　つまり、that は〈関係代名詞・目的格〉で、① の部分は更
　　に、The woman ｜ that you ... yesterday と 2 つの部分に分け
　　られ、① that you ... yesterday　② The woman の順序で訳し
　　ます。

　　　that you ... yesterday は 〈節〉 ですから、① you　②
　　yesterday　③ the bank　④ near　⑤ saw　（⑥ The woman）
　　の順序で訳していきます（⇒ that は 〈関係代名詞・目的格〉
　　ですから、訳しません）。

（b）**The house my brother lives in stands on that hill.**

　　私の弟が住んでいる家は、あの丘の上に立っています。

〈なっとく！考え方〉

　この文は、The house ... in ｜ stands on that hill と分けることが出来、① The house … in　② stands on that hill の順序で訳します。

　〈主部〉（＝①の部分）には、文の途中に S ＋ V（＝ my brother lives）が単独で使われていますから、you の前に that を補います。

　that の前後を見ると、"名詞 ＋ that ＋ S ＋ V" の語順で、しかも、〈that 節〉には（（in ＝「前置詞」）の）〈目的語〉が必要であるにも拘らず書かれていません。

　つまり、that は〈関係代名詞・目的格〉で、① の部分は更に、The house ｜ that my brother lives in と分けることが出来、① that my brother lives in　② The house の順序で訳します。

　that my brother lives in は〈節〉ですから、① my brother　② lives　（③ The house）の順序で訳していきます（⇒ that は〈関係代名詞・目的格〉、in は節末に置かれた「前置詞」ですから、訳しません ⇒ ┃ 2 目的格 ┃ （6）（p. 238 ））。

（c）**My mother likes the songs of Jerk Lewd, whom I happened to see in Shinjuku yesterday.**

　母は、ジャーク・ルードゥの歌が好きなのですが、彼を、私は、昨日 新宿で、偶然にも見掛けました。

　〈なっとく！考え方〉

　whom の直前に「,」が在りますから、先ずは「,」までを訳し、その後、〈関係代名詞節〉を訳します。

(cf. **2 目的格** (7) (p. 238))

① My mother　② Jerk Lewd　③ of　④ the songs

⑤ likes　⑥,　⑦ whom　⑧ I　⑨ yesterday　⑩ Shinjuku

⑪ in　⑫ see　⑬ happened to

【註】happen to 〜　「偶然 〜する」

(d)　Tom left Japan for London ten days ago, which I didn't know until yesterday.

　　トムは、10 日前にロンドンに向けて日本を出国したのですが、そのことを、私は、昨日まで知りませんでした。

〈なっとく！考え方〉

　　which の直前に「，」が在りますから、先ずは「，」までを訳し、その後、〈関係代名詞節〉を訳します。

(cf. **2 目的格** (7) (p. 238))

① Tom　② ten days ago　③ London　④ for　⑤ Japan

⑥ left　⑦,　⑧ which　⑨ I　⑩ yesterday　⑪ until

⑫ know　⑬ didn't

　　【註】which の〈先行詞〉（which が指している内容）は、Tom left Japan for London ten days ago です。

3　所有格

(1) 先行詞の種類に拘らず、**whose** を使います。

(2) 直後には名詞が使われます。

　　【註】whose は who の〈所有形〉です。

241

(a) **I keep a black dog whose ears are white.**

私は、耳が白である（白い）黒い犬を飼っています。

〈なっとく！考え方〉

この文は、I ｜ keep a black dog whose ears are white と分けることが出来、① I　② keep … white の順序で訳します。

〈述部〉（= ② の部分）は更に、keep a black dog ｜ whose ears are white と分けることが出来、① whose ears are white ② keep a black dog の順序で訳します。

whose ears are white の部分は ① ears　② white 、keep a black dog の部分は ① a black dog　② keep の順序で訳しますから、最終的には以下の順序で訳すことになります。

①I　②ears　③white　④are　⑤a black dog　⑥keep

【註】 whose ears は、〈関係代名詞節〉（ = whose … white) の〈主語〉です。

(b) **A famous novelist whose book I read yesterday is on television now.**

私が昨日（その人の）本を読んだ（or, 本を私が昨日 読んだ）有名な小説家が、今、テレビに出ています。

〈なっとく！考え方〉

この文は、A famous novelist … yesterday ｜ is … now と分けることが出来、① A famous novelist … yesterday　② is … now の順序で訳します。

〈主部〉（= ① の部分）は、更に、A famous novelist ｜ whose book I read yesterday と分けることが出来、① whose book I read yesterday　② A famous novelist の順序で訳します。

whose book I read yesterday の部分は ① I　② yesterday　③ book　④ read　（⑤ A famous novelist）の順序で訳しますから、最終的には以下の順序で訳すことになります。

① I　② yesterday　③ book　④ read　⑤ A famous novelist　⑥ now　⑦ television　⑧ on　⑨ is

【註】whose book は、〈関係代名詞節〉（＝ whose ... now）の〈目的語〉です。

応用編

that を用いた構文(6)：「接続詞」

〈名詞節〉を導きます。つまり、「名詞」と同じ働きをします。

1 〈主語〉になる

☞ 「ということは／ということが」と訳します。

That he won full marks in an English examination is a lie.
彼が英語の試験で満点を取ったということは、嘘です。

〈なっとく！考え方〉

That he ... examination は that 節で｛ひと纏(まと)まり｝です。直後に対応する「動詞」（= is）が在りますから、That he ... examination は〈主語〉だと言えます。

そうすると、この文は、That he ... an English examination｜is a lie と分けることが出来、① That he ... an English examination ② is a lie の順序で訳します。

〈主部〉(=①の部分)は〈節〉ですから、「大原則」**2**の(1)に従って、① he ② an English examination ③ in ④ full marks ⑤ won ⑥ that の順序で訳します。

その後、〈述部〉を ① a lie ② is の順序で訳せば終了です。

【註】この文は、〈主部〉が9単語で〈述部〉が3単語

という据わりの悪い、つまり、"頭でっかち"の形ですよね。

　英語では、こういった形を避けるために幾つかの手法を用いますが、《形式主語構文》も　その内の1つです。

(cf. p. 223 (a) の例文)

2 〈**目的語**〉になる

☞　(1)「**と／ということ**」と訳します。

　　(2) **that** は**省略可能**です。

I think she is a teacher.

私は、彼女は教師であると思います。

〈**なっとく！考え方**〉

　文の途中にS + V〜（= she is a teacher）が単独で使われていますから、she の前に that を補います。

　直前に「他動詞」（= think）が在りますから、that 節は〈目的語〉です。

　この文は、I ｜ think that she is a teacher と分けることが出来、①I　②think ... a teacher の順序で訳します。

　〈述部〉（=②の部分）は更に、think ｜ that she is a teacher と分けることが出来（⇒ that 節で ｛ひと纏まり｝）、① that she is a teacher　② think の順序で訳します。

　① の部分（= that she is a teacher）は ① she　② a teacher ③ is　④ that の順序で訳します。

245

I know he is a doctor.

私は、彼が医者であるということを知っています。

〈なっとく！ 考え方〉

he の前に that を補います。

直前に「他動詞」（= know）が在りますから、that 節は〈目的語〉です。

訳す順序は、前の例文と同じです。

3 〈補語〉になる

☞ (1)「ということ」と訳します。

(2) **that** は**省略可能**です。

The fact is she didn't read the book.

事実は、彼女は その本を読まなかったということです。

〈なっとく！ 考え方〉

she の前に that を補います。

直前に「be 動詞」が在りますから、that 節は〈補語〉です。

この文は、The fact ｜ is that she ... the book と分けることが出来、① The fact　② is that she ... the book の順序で訳します。

〈述部〉（＝②の部分）は更に、is ｜ that she ... the book と分けることが出来（⇒ that 節で｜ひと纏（まと）まり｜）、① that she ... the book　② is の順序で訳します。

① の部分（= that she ... the book）は ① she　② the book　③ read　④ didn't　⑤ that の順序で訳します。

4 〈同格〉を表す

☞ (1) **直前の「名詞」に掛かっていきます。**

(2)「**という**」と訳します。

246

(3) **that** は省略可能です。

(4) 語順は、"名詞＋（**that**）**S ＋ V**"

I have a hope he will pass the examination.

　私は、彼は その試験に合格するだろう、という希望を持っています。

〈**なっとく！考え方**〉

　　he の前に that を補います。

　　語順が、"名詞＋ that ＋ S ＋ V" ですから、〈接続詞・同格〉と言えます。

　　この文は、I ｜ have ... the　examination と分けることが出来、①I　②have ... the examination の順序で訳します。

　　〈述部〉（＝②の部分）は更に、have ｜ a hope ｜ that he ... the examination と分けることが出来、① that he ... the examination ②a hope　③have の順序で訳します。

　　①の部分（＝ that he ... the examination）は ① he　② the examination　③ pass　④ will　⑤ that の順序で訳します。

応用編

〈知っ得 情報！〉
― 時制の一致 ―

　名詞節を訳す際には、〈述語動詞の動詞の時制〉と〈名詞節の動詞の時制〉に注意しましょう。両者が同じ場合には、〈名詞節〉は〈現在形〉で訳します。

(a) I <u>know</u> (that) she <u>likes</u> English.

　　私は、彼女は英語<u>を好きである</u>、ということ<u>を知っています</u>。

　　【註】「述語動詞」（＝ know）と〈目的語節〉（＝ that she likes English）の「動詞」は〈時制〉が同じ（＝現在形）ですから、likes は〈現在形〉で訳します。

(b) I know (that) she liked English.

　　私は、彼女は英語<u>を好きであった</u>、ということ<u>を知っています</u>。

　　【註】「述語動詞」（＝ know）と〈目的語節〉（＝ that she liked English）の「動詞」は〈時制〉が異なりますから、know と liked は、それぞれの時制で訳します。

(c) I <u>knew</u> (that) she <u>liked</u> English.

　　私は、彼女は英語<u>を好きである</u>、ということ<u>を知っていました</u>。

　　【註】「述語動詞」（＝ knew）と〈目的語節〉（＝ that she liked English）の「動詞」は〈時制〉が同じ（＝過去形）

ですから、liked は〈現在形〉で訳します。

(d) I <u>knew</u>（that）she <u>had liked</u> English.

　　私は、彼女は英語<u>を好きであった</u>、ということ<u>を知って</u><u>いました</u>。

　　【註】「述語動詞」（＝ knew）と〈目的語節〉（＝ that she had liked English）の「動詞」は〈時制〉が異なりますから、knew と had liked は、それぞれの時制で訳します。

〈知っ得 情報！〉
― that 構文 ―

　既に書いたように、先ずは、that を補えるかどうかが《that 構文》克服の第 1 歩です。

　《that 構文》が出てきたら、以下の順序で見分けてみましょう。

(1) that の**直前**に "**so ＋形容詞／副詞**"
  = 《**so ―― that S ＋ V～ 構文**》
  ⇒「**非常に ―― ので、S ＋ V～**」と和訳

(2) that の**直前**に "**such ＋形容詞＋名詞**"
  = 《**such ―― that S ＋ V～ 構文**》
  ⇒「**非常に ―― ので、S ＋ V～**」と和訳

(3) 主語に It が使われていたら（つまり、"**It ... that ...** "の形なら）、《形式主語構文》か《強調構文》
  ⇒〈**主語**〉の **It は和訳しない**
  ① "**It is ＋形容詞＋ that ＋ S ＋ V～**"
    =《**形式主語構文**》
    ⇒ "**that**" は、「**ということは（が）／というのは（が）**」と和訳
  ② "**It is ＋副詞／前置詞句／従属接続詞節 ＋ that ＋ S ＋ V～**" =《**強調構文**》
    ⇒ "**that**" は、「**のは**」と和訳
  ③ "**It ＋受動態＋ that ＋ S ＋ V～**"
    =《**形式主語構文**》
  ④ "**It ＋自動詞＋ that ＋ S ＋ V～**"
    =《**形式主語構文**》

⑤ "**It is** + **名詞** + **that** + **V〜**" = 《強調構文》

⑥ "**It is** + **名詞** + **that** + **S** + **V〜**"

⇒「名詞」を that 以下のどこかに置くことが出来れば《強調構文》、置くことが出来なければ《形式主語構文》

(4) "**That** + **S** + **V〜**" が**文頭**（**節頭**）に使われていて、that 節の後に対応する「動詞」が使われている

=「接続詞」で〈主語〉

⇒ "that" は、「**ということは（が）／というのは（が）**」と和訳

(5) "**that** + **S** + **V〜**" が「**他動詞**」の**直後**に使われている

=「接続詞」で〈目的語〉

⇒ "that" は、「**と／ということ**」と和訳

(6) "**that** + **S** + **V〜**" が「**be 動詞**」の**直後**に使われている

=「接続詞」で〈補語〉

⇒ "that" は、「**ということ**」と和訳

(7) "**名詞** + **who / which / that** + **V〜**" の**語順**

=〈関係代名詞・主格〉

⇒ "**that**" **は和訳しない**

(8) "**名詞** + **that** + **S** + **V〜**" の**語順**

⇒ ① "that 節" に〈目的語〉が必要であるにも拘らず目的語が無い場合は〈関係代名詞・目的格〉で、"**that**" **は和訳しない。**

② 上記に当て嵌まらない場合は「接続詞」の〈同格〉で、"that" は、「**という**」と和訳。

251

〈練習問題：that 構文〉

和訳しましょう。

1. She told me she would buy a new car.

2. This is the book my father bought me on my birthday.

3. It is three days ago I went to the T.D.L. with some friends.

4. She is such a kind girl everyone likes her.

5. It is this book I wanted to buy yesterday.

6. They did all the things naughty children did.

7. He has a friend whose son is a professional boxer.

8. She told me a lie her father was English.

9. She lent me some books, which were not interesting.

10. I have a friend that lives in Boston.

11. They were used to the odd sounds he sometimes made while he was reading.

12. It was my father that found my book under the desk in the living room.

13. It was when she was 23 and I was 29 I married her.

14. Where is the CD I bought the other day ?

15. It wasn't possible to cross this river by boat.

16. I know you are the only person she really loved.

17. He asked her for the information, which she gave him.

18. I think his way of thinking women should stay at home after marriage is out-of-date.

19. It is true he finished reading the English book by himself.

20. This is the person that built the nice house.

21. It was the fog that caused the accident.

22. The person I got acquainted with while I was staying in London will come to see me soon.

23. It was Roy that served me coffee.

24. The feelings men and women have for each other are a mystery.

25. I am reading the book I borrowed from the library yesterday.

26. I can't tell the lie I finished the work by myself.

27. He said he wasn't afraid of ghosts, which wasn't true.

28. I am looking for a book whose subject is Italian history.

29. We must not waste the little time we can spend together.

30. This is the city I was born in.

応用編

〈 解説と解答 〉

1. 彼女は、（自分は）新車を買うつもりです、と私に言いました。

〈なっとく！考え方〉

she の前に that を補います。

that の直前の語（= me）は〈目的語〉ですから（cf. p. 35 **3** の (1)）、その直前の「動詞」（= told）は「他動詞」です。

tell は〈目的語〉を 2 つ必要とします（⇒「--- に ------ と言う」）。従って、"that 節" は〈接続詞・目的語〉であると言えます。(cf. pp. 245 **2**, 251 (5))

この文は、She ｜ told ... a new car と分けることが出来ます。

〈述部〉は、told ｜ me ｜ that she ... a new car と分けることが出来、① that she ... a new car　② me　③ told の順序で訳します。

253

①の部分は、that | she | would | buy | a new car と分けることが出来、① she　② a new car　③ buy　④ would　⑤ that の順序で訳しますが、① she は〈主節〉（= She told me）の〈主語〉と同じですから訳しません。

最終的な和訳の順序は、① She　② a new car　③ buy　④ would　⑤ that　⑥ me　⑦ told です。

【註】〈主節〉の「動詞」（= told）と "〈目的語〉節" の「動詞」（この文の場合は「助動詞」would）は、〈時制〉が同じです。　（cf. p. 248 (c)）

2. これは、父が私の誕生日に私に買ってくれた本です。

〈なっとく！考え方〉

my father の前に that を補うと、that の前後は "名詞 + that + S + V" で、that 節に「他動詞」（= bought）の〈目的語〉が必要であるにも拘（かか）わらず在りませんから、that は〈関係代名詞・目的格〉です。（cf. pp. 238 **2 目的格** (3) (4), 251 (8) の①）

この文は、This | is the book … my birthday と分けることが出来ます。

〈述部〉は、is | the book | that my father ... my birthday と分けることが出来、① that my father ... my birthday　② the book　③ is の順序で訳します。

① の部分は、that | my father | bought | me | on | my birthday と分けることが出来、① my father　② my birthday　③ on　④ me　⑤ bought　⑥ that の順序で訳しますが、⑥ that は「関係代名詞」ですから訳しません。（cf. p. 238 **2 目的格** ）

最終的な和訳の順序は、① This　② my father　③ my birthday　④ on　⑤ me　⑥ bought　⑦ the book　⑧ is です。

3. 私が何人かの友達と一緒に東京ディズニーランドに行ったのは、3

日前です。

〈なっとく！考え方〉

　Ⅰの前に that を補うと、"It is ＋副詞（句）＋ that S ＋ V" の形ですから、《強調構文》です。(cf. pp. 228 **2**), 250 (3) の ②)

　この文は、It ｜ is ... some friends と分けることが出来ます。

　〈述部〉は、is ｜ three days ago ｜ that I ... some friends と分けることが出来、① that I ... some friends　② three days ago　③ is の順序で訳します。

　① の部分は、that ｜ I ｜ went ｜ to ｜ the T.D.L. ｜ with ｜ some friends と分けることが出来、① I　② some friends　③ with　④ the T.D.L.　⑤ to　⑥ went　⑦ that の順序で訳します。

　その後、⑧ three days ago　⑨ is を訳せば終了です。

　　【註】《強調構文》ですから、〈主語〉の It は訳しません。

4.　彼女は非常に親切な女の子なので、誰もが彼女を好きです。

〈なっとく！考え方〉

　everyone の前に that を補うと、《"such ＋形容詞＋名詞＋ that ＋ S ＋ V〜" 構文》であることが判ります。

　この文は、She is such a kind girl ｜ that ｜ everyone likes her と分けることが出来、① She is such a kind girl　② that　③ everyone likes her の順序で訳します。

　① の部分は、① She　② such a kind girl　③ is の順序で、③ の部分は、① everyone　② her　③ likes の順序で訳します。

5.　私が昨日 買いたかったのは、この本です。

〈なっとく！考え方〉

　Ⅰの前に that を補うと、"It is ＋名詞＋ that ＋ S ＋ V〜" の形で、その「名詞」（＝ this book）は "that 節"（「他動詞」buy の後）に置くことが出来ますから《強調構文》です。(cf. p. 251 (3) の ⑥)

255

この文は、It ｜ is ... yesterday と分けることが出来ます。

　〈述部〉は、is ｜ this book ｜ that I ... yesterday と分けることが出来、① that I ... yesterday　② this book　③ is の順序で訳します。

　①の部分は、that ｜ I ｜ wanted ｜ to ｜ buy ｜ yesterday と分けることが出来、① I　② yesterday　③ buy　④ to　⑤ wanted　⑥ that の順序で訳します。

　《強調構文》では〈主語〉の It　は訳しませんから、⑦ this　book ⑧ is を訳せば終了です。

6. 彼らは、腕白な子供たちが行なった（した）総てのことをしました。

　〈なっとく！考え方〉

　　naughty children の前に that を補うと、that の前後は "名詞 + that + S + V" で、that 節に「他動詞」（= do）の〈目的語〉が必要であるにも拘らず在りませんから、that は〈関係代名詞・目的格〉です。(cf. pp. 238 **2 目的格** (3) (4), 251 (8) の①)

　　この文は、They ｜ did ... naughty　children did と分けることが出来ます。

　　〈述部〉は、did ｜ all the things ｜ that naughty children did と分けることが出来、① that naughty children did　② all the things　③ did の順序で訳します。

　　①の部分は、that ｜ naughty　children ｜ did　と分けることが出来、① naughty　children　② did　③ that の順序で訳しますが、③ that は「関係代名詞」ですから訳しません。

　　　最終的な和訳の順序は、① They　② naughty　children　③ did ④ all the things　⑤ did です。

7. 彼には、息子さんがプロのボクサーである友達が居ます。

　〈なっとく！考え方〉

whose son の前には「名詞」が在りますから、whose は「関係代名詞」です。（cf. p. 276)

この文は、He ｜ has ... a professional boxer と分けることが出来ます。

〈述部〉は、has ｜ a friend ｜ whose son is a professional boxer と分けることが出来、① whose son is a professional boxer ② a friend ③ has の順序で訳します。

① の部分は whose son ｜ a professional boxer ｜ is の順序で訳します。

最終的な和訳の順序は、① He ② whose son ③ a professional boxer ④ is ⑤ a friend ⑥ has です。

8. 彼女は、自分の父親はイギリス人である、という嘘を私に言いました。

〈なっとく！考え方〉

her father の前に that を補うと、that の前後は "名詞 ＋ that ＋ S ＋ V" で、"that 節" に〈目的語〉は必要有りませんから、that は〈接続詞・同格〉です。（cf. p. 251 (8) の ②)

この文は、She ｜ told ... English と分けることが出来ます。

〈述部〉は、told ｜ me ｜ a lie ｜ that her father was English と分けることが出来、① that ... English ② a lie ③ me ④ told の順序で訳します。

①の部分は、① her father ② English ③ was ④ that の順序で訳します。

最終的な和訳の順序は、① She ② her father ③ English ④ was ⑤ that ⑥ a lie ⑦ me ⑧ told です。

【註】〈主節〉の「動詞」（＝ told）と "〈目的語〉節" の「動詞」（＝ was）は、〈時制〉が同じです。

(cf. p. 248 (c))

9. 彼女は私に数冊の本を貸してくれましたが、それらは面白くありませんでした。

〈なっとく！考え方〉

"S＋V〜，which＋V"の語順ですから、which は〈関係代名詞・主格〉です。(cf. p. 233 **1 主格** の (6))

この文は、She lent me some books ｜,｜ which were not interesting と分けることが出来、① She lent me some books ②, ③ which were not interesting の順序で訳します。

① の部分は She ｜ lent ｜ me ｜ some books、③ の部分は which ｜ were not ｜ interesting と分けることが出来ます。

最終的な和訳の順序は、① She ② some books ③ me ④ lent ⑤, ⑥ which ⑦ interesting ⑧ were not です。

10. 私には、ボストンに住んでいる友人が居ます。

〈なっとく！考え方〉

"名詞＋that＋V"の語順ですから、that は〈関係代名詞・主格〉です。(cf. p. 233 **1 主格** の (2))

この文は、I ｜ have ... in Boston と分けることが出来ます。

〈述部〉は、have ｜ a friend ｜ that lives in Boston と分けることが出来、① that lives in Boston ② a friend ③ have の順序で訳します。

① の部分は、① Boston ② in ③ lives ④ that の順序で訳しますが、④ that は「関係代名詞」ですから訳しません。

最終的な和訳の順序は、① I ② Boston ③ in ④ lives ④ a friend ⑤ have です。

11. 彼らは、彼が本を読んでいる間に時々 立てる奇妙な音に慣れていました。

258

〈なっとく！考え方〉

he（sometimes）の前に that を補うと、that の前後は"名詞＋ that ＋ S ＋ V"で、that 節に「他動詞」（＝ made）の〈目的語〉が在りませんから、that は〈関係代名詞・目的格〉です。（cf. pp. 238 **2 目的格**（3）（4），251（8）の①）

この文は、They ｜ were used ... was reading と分けることが出来ます。

〈述部〉は先ず、were ｜ used ｜ to ｜ the odd sounds ｜ that ... reading と分けることが出来、① that ... reading ② the odd sounds ③ to ④ used ⑤ were の順序で訳します。

①の部分は、① that ② he ③ sometimes ④ made ⑤ while he was reading と分けることが出来ますが、⑤の部分は更に、while ｜ he ｜ was reading と分けることが出来ます。

最終的な和訳の順序は、① They ② he ③ was reading ④ while ⑤ sometimes ⑥ made ⑦ the odd sounds ⑧ to ⑨ used ⑩ were です。

【註】（1）be used to 名詞 --- 「--- に慣れている」

（2）that は「関係代名詞」ですから訳しません。

（3）sometimes（＝「頻度を表す副詞」）は、〈主語〉の次に訳します。

（cf. p. 11「大原則」**2**〈例外〉（2））

（4）while ... は、〈従位接続詞節〉です。

（5）reading の後には、〈目的語〉に当たる「名詞」が在りませんから、read は「自動詞」です。

12. 居間の机の下に私の本を見付けたのは、私の父でした。

〈なっとく！考え方〉

"It is 名詞＋ that ＋ V"の形ですから、《強調構文》です。

259

(cf. pp. 228 **3** , 251 (3) の⑤)

この文は、It｜was ... the living room と分けることが出来、《強調構文》の主語 It は訳しませんから、① the living room　② in　③ the desk　④ under　⑤ my book　⑥ found　⑦ that　⑧ my father　⑨ was の順序で訳します。

13. 私が彼女と結婚したのは、彼女が23歳で私が29歳の時でした。

〈なっとく！考え方〉

I (married) の前に that を補います（⇒ she was 23 の前には「従位接続詞」when が、I was 29 の前には「等位接続詞」and が置かれています）。

"It is ... + that + S + V" の形で、… には「従位接続詞節」が使われていますから、《強調構文》です。

(cf. pp. 228 **2** , 250 (3) の②)

この文は、It｜was ... her と分けることが出来ます。

〈述部〉は先ず、was｜when ... 29｜that ... her と分けることが出来、① that ... her　② when ... 29　③ was の順序で訳します。

①の部分（= that ... her）は、①I　②her　③married　④that の順序で、②の部分（= when ... 29）は ① she　② 23　③ was　④ and　⑤I　⑥ 29　⑦ was　⑧ when の順序で訳します。

最終的な和訳の順序は、①I　②her　③married　④that ⑤ she　⑥ 23　⑦ was　⑧ and　⑨I　⑩ 29　⑪ was　⑫ when ⑬ was です。

【註】(1)《強調構文》の主語 It は訳しません。

(2) and（=「等位接続詞」）は、she was 23 と I was 29 を結んでいます。

14. 私が昨日買った CD は、どこですか。

〈なっとく！考え方〉

I の前に that を補うと、that の前後は "名詞 ＋ that＋ S ＋ V" で、that 節に「他動詞」（＝ bought）の〈目的語〉が在りませんから、that は〈関係代名詞・目的格〉です。

(cf. pp. 238 **2 目的格** (3)(4), 251 (8) の①)

この文は、Where ｜ is ｜ the CD that ... the other day と分けることが出来、① the CD that I bought the other day　② Where　③ is の順序で訳します（⇒ ①は〈主部〉、②は「疑問詞」だから〈主語〉の次に訳します（cf.「大原則」**2** の (3) (p. 11)））。

〈主部〉は先ず、the CD ｜ that ... the other day と分けることが出来、① that ... the other day　② the CD の順序で訳します。

①の部分（＝ that ... the other day）は、① I　② the other day　③ bought　④ the CD の順序で訳します。

最終的な和訳の順序は、① I　② the other day　③ bought　④ the CD　⑤ where　⑥ is です。

【註】the other day 「先日」

15. ボートで この川を渡ることは可能では ありませんでした。

〈なっとく！ 考え方〉

"It　is ＋形容詞＋ to ＋動詞の原形〜" の形ですから、《形式主語構文》です。(cf. pp. 223 **4** , 227 (f))

この形の《形式主語構文》は、文末（節末）から前へと訳します。

① boat　② by　③ this river　④ cross　⑤ to　⑥ possible　⑦ wasn't

【註】《形式主語構文》ですから〈主語〉の It は訳しません。

16. あなたは、彼女が愛した唯一の人であるということを、私は知っています。

〈なっとく！ 考え方〉

261

you の前に that を補うと、直前の語（= know）は「他動詞」で
すから、that は〈接続詞・目的語〉です。(cf. pp. 245 **2**, 251 (5))

又、she の前に that を補うと、that の前後は "名詞 + that + S
+ V" で、that 節に「他動詞」（= loved）の〈目的語〉が在りま
せんから、that は〈関係代名詞・目的格〉です。

(cf. pp. 238 2 目的格 (3) (4), 251 (8) の①)

この文は、I｜know ... loved と分けることが出来ます。

〈述部〉は先ず、know｜that ... loved　と分けることが出来、
① that ... loved　② know の順序で訳します。

①の部分は、that｜you｜are｜the only person｜that she
really loved と分けることが出来、① you　② that she really loved
③ the only person　④ are　⑤ that の順序で訳します。

②の部分（= that she really loved）は、① she　② really loved
③ that の順序で訳しますが、③ that は「関係代名詞」ですから訳
しません。

最終的な和訳の順序は、① I　② you　③ she　④ really loved
⑤ the only person　⑥ are　⑦ that　⑧ know です。

> 【註】really（=「副詞」）は loved（=「動詞」）を修飾して
> いますから、really → loved の順序で訳します。

(cf. p. 41 1)

17. 彼は、その情報を彼女に求めました。そして、それを彼女は彼に渡
　しました。

　〈なっとく！考え方〉

　　"S + V〜, which S + V〜〜" の形であり、〈which 節〉の「他動詞」
　（= give）の〈目的語〉が在りませんから which は〈関係代名詞・目
　的格〉で、先ずは「,」までを訳します。

(cf. p. 238 2 目的格 (3) (4) (7))

この文は、He ... the information ｜，｜ which ... him と分けることが出来、① He ... information　②，③ which ... him の順序で訳します。

　①の部分は、He ｜ asked ｜ her ｜ for ｜ the information と分けることが出来、① He　② the information　③ for　④ her　⑤ asked の順序で訳します。

　又、②の部分（＝ which she gave him）は、which ｜ she ｜ gave ｜ him　と分けることが出来、① which　② she　③ him　④ gave の順序で訳します。

　最終的な和訳の順序は、① He　② the information　③ for　④ her　⑤ asked　⑥，⑦ which　⑧ she　⑨ him　⑩ gave です。

　　　　【註】（1）⑦ she　⑧ which の順序でも構いません。

　　　　　　　（2）ask A for B　「B を A に求める」

18. 女は結婚したら家庭に居るべきだという彼の考え方は、時代遅れだと思います。

　〈なっとく！考え方〉

　his way の前に that を補うと、直前の語（＝ think）は「他動詞」ですから、that は〈接続詞・目的語〉です。（cf. pp. 245 **2**, 251 (5)）

　women（should stay）の前に that を補うと、that の前後は "名詞＋ that ＋ S ＋ V" で、that 節に〈目的語〉は必要有りませんから、that は〈接続詞・同格〉です。（cf. p. 251 (8) の②）

　この文は、I ｜ think ... out-of-date と分けることが出来、① I　② think ... out-of-date の順序で訳します。

　②の部分の that 節の〈主語〉は　his way of thinking 、「動詞」は is ですから、②の部分は、that ｜ his way of thinking ... after marriage ｜ is out-of-date と分けることが出来、① his way of thinking ... after marriage　② is out-of-date　③　that の順序で訳し

263

ます。

②の部分（= his way of thinking ... after marriage）は更に、his way of thinking ｜ that … after marriage と分けることが出来、① that ... after marriage　② his way of thinking の順序で訳します。

そして、①の部分（= that ... after marriage）は、that ｜ women ｜ should ｜ stay ｜ at ｜ home ｜ after ｜ marriage と分けることが出来、① women　② marriage　③ after　④ home　⑤ at　⑥ stay　⑦ should　⑧ that の順序で訳します。

最終的な和訳の順序は、① I　② women　③ marriage　④ after　⑤ home　⑥ at　⑦ stay　⑧ should　⑨ that　⑩ his way of thinking　⑪ out-of date　⑫ is　⑬ that　⑭ think です。

19. 彼が独力で その英語の本を読み終えたということは、本当です。
〈なっとく！ 考え方〉

he の前に that を補うと、"It is ＋形容詞＋ that ＋ S ＋ V" の形ですから、〈形式主語構文〉です。(cf. pp. 224 (b), 250 (3)　①)

この文は、It ｜ is ... by himself と分けることが出来ます。

〈述部〉は、is ｜ true ｜ that ... by himself と分けることが出来、① that ... by himself　② true　③ is の順序で訳します。

①の部分は更に、that ｜ he ｜ finished ｜ reading ｜ the English book ｜ by himself と分けることが出来、① he　② by himself　③ the English book　④ reading　⑤ finished　⑥ that の順序で訳します。

その後、⑦ true　⑧ is を訳せば終了です。

20. こちらが、その素敵な家を建てた方（人）です。
〈なっとく！ 考え方〉

"名詞＋ that ＋ V" の語順ですから、that は〈関係代名詞・主格〉です。(cf. pp. 233 **1 主格** (2)，251 (7))

264

この文は、This｜is ... the nice house と分けることが出来、① This　② is ... the nice house の順序で訳します。

〈述部〉は、is｜the person｜that ... the nice house と分けることが出来、① that ... the nice house　② the person　③ is の順序で訳します。

①の部分は更に、that｜built｜the nice house と分けることが出来、① that　② the nice house　③ built の順序で訳しますが、① that は「関係代名詞」ですから訳しません。

最終的な和訳の順序は、① this　② the nice house　③ built ④ the person　⑤ is です。

21. その事故を引き起こしたのは、（その）霧でした。

〈なっとく！考え方〉

"It is ＋名詞＋ that ＋ V" の形ですから、《強調構文》です。

(cf. pp. 228 **3** , 251 (3) の⑤)

最終的な和訳の順序は、① the accident　② caused　③ that ④ the fog　⑤ was です。

22. ロンドン滞在中に知り合いになった人が、近々、私に会いにやって来ます。

〈なっとく！考え方〉

I（got）の前に that を補うと、that の前後は "名詞＋ that ＋ S ＋ V" で、that 節に（「前置詞」with の）〈目的語〉が在りませんから、that は〈関係代名詞・目的格〉です。

(cf. pp. 238 **2 目的格** (3) (4), 251 (8) の①)

この文は、The person ... in London｜will come ... soon と分けることが出来、① The person ... in London　② will come ... soon の順序で訳します。

〈主部〉は、The person｜that ... with｜while ... in London と分

265

けることが出来、① while ... in London ② that ... with ③ The
person の順序で訳します。

①の部分（＝ while ... in London）は、while ｜ I ｜ was staying
｜ in ｜ London と分けることが出来、②の部分（＝ that ... with）
は、that ｜ I ｜ got acquainted ｜ with と分けることが出来ます。

最終的な和訳の順序は、① I ② London ③ in ④ was staying
⑤ while ⑥ I ⑦ got acquainted ⑧ The person ⑨ soon ⑩ me
⑪ see ⑫ to ⑬ come ⑭ will です。

【註】(1) get acquainted with 「と知り合いになる」

(2)〈節末〉に置かれた「前置詞」（＝ with）は和訳
しません。

23. 私たちにコーヒーを出してくれたのはロイでした。
〈なっとく！ 考え方〉

"It is ＋名詞＋ that ＋ V" の形ですから、《強調構文》です。

(cf. pp. 228 **3** , 251 (3) の⑤)

最終的な和訳の順序は、① coffee ② me ③ served ④ that
⑤ Roy ⑥ was です。

24. 男と女が互いに対して抱く（or, 抱いている）感情は、謎です。
〈なっとく！ 考え方〉

men の前に that を補うと、that の前後は "名詞＋ that ＋ S ＋ V"
で、that 節に（「他動詞」have の）〈目的語〉が在りませんから、
that は〈関係代名詞・目的格〉です。

(cf. pp. 238 **2 目的格** (3) (4), 251 (8) の①)

この文は、The feelings ... each other ｜ are a mystery と分けるこ
とが出来ます。

〈主部〉は先ず、The feelings ｜ that ... each other と分けること
が出来、① that ... each other ② The feelings の順序で訳します。

266

①の部分は、that｜men and women｜have｜for｜each other と分けることが出来、①men and women　②each other　③for　④have　⑤that の順序で訳しますが、⑤that は「関係代名詞」ですから訳しません。

　最終的な和訳の順序は、①men and women　②each other　③for　④have　⑤The feelings　⑥a mystery　⑦are です。

25. 私は、昨日 図書館から借りてきた本を読んでいるところです。

〈なっとく！考え方〉

　Ⅰの前に that を補うと、that の前後は "名詞 + that + S + V" で、that 節に（「他動詞」borrowed の）〈目的語〉が在りませんから、that は〈関係代名詞・目的格〉です。

(cf. pp. 238 **2 目的格** (3) (4), 251 (8) の①)

　この文は、Ⅰ｜am ... yesterday と分けることが出来ます。

　〈述部〉は先ず、am reading｜the book｜that Ⅰ... yesterday と分けることが出来、①that Ⅰ... yesterday　②the book　③am reading の順序で訳します。

　①の部分は、that｜Ⅰ｜borrowed｜from｜the library｜yesterday と分けることが出来、①Ⅰ　②yesterday　③the library　④from　⑤borrowed　⑥that の順序で訳しますが、⑥that は「関係代名詞」ですから訳しません。

　最終的な和訳の順序は、①Ⅰ　②yesterday　③the library　④from　⑤borrowed　⑥the book　⑦am reading です。

26. 私は、1人で その仕事を 終えたという 嘘をつくことは 出来ません。

〈なっとく！考え方〉

　Ⅰの前に that を補うと、that の前後は "名詞 + that + S + V" で、that 節に目的語は必要有りませんから、that は〈接続詞・同格〉です。(cf. p. 251 (8) の②)

267

この文は、I ｜ can't ... by myself と分けることが出来ます。

〈述部〉は先ず、can't ｜ tell ｜ the lie ｜ that I ... by myself と分けることが出来、① that I ... by myself　② the lie　③ tell　④ can't の順序で訳します。

①の部分は、that ｜ I ｜ finished ｜ the work ｜ by myself と分けることが出来、① I　② by myself　③ the work　④ finished　⑤ that の順序で訳します。

最終的な和訳の順序は、① I　② by myself　③ the work　④ finished　⑤ that　⑥ the lie　⑦ tell　⑧ can't です。

27. 彼は、幽霊など怖くないと言いましたが、それは嘘でした。

〈なっとく！考え方〉

"S + V ... , which + V" の語順ですから、which は〈関係代名詞・主格〉です。(cf. p. 238 **1 主格** (f))

which の直前に在る名詞（= ghosts）は〈複数形〉ですが、which の直後の「動詞」は〈単数対応〉の「be 動詞」（= was）ですから、ghosts は〈先行詞〉ではないということが判ります。〈先行詞〉は、直前の〈節〉（= that he ... ghosts）です。

この文は先ず、He ｜ said that he ... ghosts ｜ , ｜ which wasn't true と分けることが出来、① He　② said that he ... ghosts　③ ,　④ which wasn't true の順序で訳します。

〈述部〉（= said that ... ghosts）は、said ｜ that ｜ he ｜ wasn't ｜ afraid ｜ of ｜ ghosts と分けることが出来、① he　② ghosts　③ of　④ afraid　⑤ wasn't　⑥ that　⑦ said の順序で訳します。

最終的な和訳の順序は、① He　② ghosts　③ of　④ afraid　⑤ wasn't　⑥ that　⑦ said　⑧ ,　⑨ which　⑩ true　⑪ wasn't です。

28. 私は、主題がイタリア史である本を探しています。

〈なっとく！考え方〉

　　whose subject の前には「名詞」が在りますから、whose は「関係代名詞」です。（cf. p. 276）

　　この文は、I ｜ am ... Italian history と分けることが出来ます。

　　〈述部〉は先ず、am looking ｜ for ｜ a book ｜ whose subject is Italian history と分けることが出来、① whose subject ... history ② a book　③ for　④ am looking の順序で訳します。

　　① の部分は更に、whose subject ｜ is ｜ Italian history と分けることが出来、① whose subject　② Italian history　③ is の順序で訳します。

　　最終的な和訳の順序は、① I　② whose subject　③ Italian history　④ is　⑤ a book　⑥ for　⑥ am looking です。

29. 私たちは、一緒に過ごすことが出来る少ない時間を無駄にしてはいけません。

〈なっとく！考え方〉

　　we（can）の前に that を補うと、that の前後は "名詞 + that + S + V" で、that 節に（「他動詞」 spend の）〈目的語〉が在りませんから、that は〈関係代名詞・目的格〉です。

　　　　　　　　　　　（cf. pp. 238 **2 目的格** (3) (4), 251 (8) の ①）

　　この文は、We ｜ must not ... together と分けることが出来ます。

　　〈述部〉は先ず、must not ｜ waste ｜ the little time ｜ that we ... together　と分けることが出来、① that we ... together　② the little time　③ waste　④ must not の順序で訳します。

　　① の部分は更に、that ｜ we ｜ can ｜ spend ｜ together と分けることが出来、① we　② together　③ spend　④ can の順序で訳します（that は「関係代名詞」ですから訳しません）。

　　最終的な和訳の順序は、① We　② together　③ spend　④ can

269

⑤ the little time　⑥ waste　⑦ must not の順序で訳します（that は「関係代名詞」ですから訳しません）。

30.　これが、私が生まれた町です。

〈なっとく！考え方〉

　　I の前に that を補うと、that の前後は "名詞 + that + S + V" で、that 節に（「前置詞」in の）〈目的語〉が在りませんから、that は〈関係代名詞・目的格〉です。

　　　　　　　　　（cf. pp. 238 **2 目的格** (3) (4), 251 (8) の ①）

　　この文は、This ｜ is the city that I was born in と分けることが出来ます。

　　〈述部〉は先ず、is ｜ the city ｜ that I ... in と分けることが出来、① that I ... in　② the city　③ is の順序で訳します。

　　① の部分は更に、that ｜ I ｜ was ｜ born ｜ in と分けることが出来、① I　② born　③ was の順序で訳します（that は「関係代名詞」、in は〈文末〉に置かれた「前置詞」ですから、訳しません）。

　　最終的な和訳の順序は、① This　② I　③ born　④ was　⑤ the city　⑥ is です。

56 「関係副詞」

「関係代名詞」に関する説明のところ（p. 233）で書きましたが、「関係詞」（＝「関係代名詞」・「関係副詞」）は、通常、「名詞」の後ろに置かれ、その「名詞」（＝〈先行詞〉）に掛かっていきます。又、直前に「，」が在る場合を除いては、和訳しません。

この章では、「関係副詞」について学習しましょう。

「**関係副詞**」とは、**how, when, where, why** の4つで、次のような形で使われます。

1 how

(1) 〈先行詞〉は在りません。

(2) "**how ＋ S ＋ V〜**" の形で使われ、「**S が〜する方法**」と訳します。

(3) **how** の代わりに **the way** が使われる場合も有ります。

【註】the way how という形は在りません！！

(a) **It is how I memorised English words.**

それが、私が英単語を暗記した方法です。

271

(b) **This is the way I solved the problem.**

これが、私が その問題を解決した方法です。

こんなふうにして、私は その問題を解決しました。

---

2 when

(1) 年・季節・月・週・日・時・分・秒 を表す「名詞」の直後に使われます。

(2) **省略可能**です。

(3) 直前に「,」が無い場合は**和訳しません**。

(4) 直前に「,」が在る場合は、「, **when**」を「**すると、その時／ところが、その時／そして、それから**」などと訳します。

(4) 〈先行詞〉が無い場合は、「**時**」と訳します。

(5) **when** の代わりに **before** / **after** が用いられる場合も在ります。

(a) **2010 is the year I entered a junior high school.**

2010 年は、私が中学校に入学した年です。

〈なっとく！考え方〉

　　that 構文の区別方法からすると、文の途中に S + V が単独で使われていますから、I の前に that を補って考えます。

　　that 節には〈目的語〉を必要としませんから、that は〈接続詞・同格〉ということになります。

　　しかし、I の直前に在る語は "年" を意味しますから、「接続詞 that」ではなくて「関係副詞 when」を補って読みます。

(cf.「大原則」 **6** の (2) (p.12))

和訳の順序は〈関係代名詞・目的格〉の場合と同じです。

⇒ ① 2010　② I　③ a junior high school　④ entered

⑤ the year　⑥ is

【註】「関係副詞」の代わりに "前置詞＋関係代名詞" を使って同じ内容を表すことも可能です。

・ 2010 is the year in which I entered a junior high school. (＝イギリス英語)

・ 2010 is the year which I entered a junior high school in. (＝アメリカ英語)

（b）**I finished my homework at nine, when my friend rang me.**

私は9時に宿題を終えました。すると、その時、友達から電話が掛かって来ました。

（c）**Autumn is when we can enjoy red leaves.**

秋は、紅葉を楽しめる時です。

（d）**Two years before they got married, they met each other.**

結婚する2年前に、彼らは出会いました。

3　where

（1）場所を表す「名詞」の直後に使われます。

【註】具体的な場所でなくても、**case**（場合）・**circumstance**（状況）・**point**（地点）・**situation**（状況）など、広い意味で場所と考えられる語が

応用編

〈先行詞〉の場合でも where が使われます。

(2) **省略は不可。**

(3) **直前に「 , 」が在る場合、「 , 」を「そして／ところが」、**
where を「そこに／そこへ／そこで」などと訳します。

(4) **先行詞が無い場合は、「ところ」と訳します**

(a) **This is the house where my grandparents live.**

これが、私の祖父母が住んでいる家です。

【註】「関係副詞」の代わりに "前置詞 + 関係代名詞" を
使って同じ内容を表すことも可能です。

・This is the house in which my grandparents live.

・This is the house which my grandparents live in.

(b) **Last week I visited London, where my parents bought a house two years ago.**

先週、私は、ロンドンに行ってきました。そこに両親が 2 年前
に家を買ったのです。

(c) **This is where I was involved in the traffic accident.**

これが、私が交通事故に遭ったところです。

【註】(1) the place where の the place が省略されている
と考えます。

(2) be involved in 「に巻き込まれる」

4 why

(1) **a reason**／**the reason** の直後に使われます。

(2) 省略可能です。

(3) 先行詞が無い場合は、「理由」と訳します。

(a) **Please tell me the reason you were absent from the meeting.**

あなたが その会議を欠席した理由を教えて下さい。

〈なっとく！考え方〉

"the reason + S + V" の形ですから、you の前に why を
補って読みます。

(b) **That is why I failed the examination in physics.**

それが、私が物理の試験に落ちた理由です。

or, だから、私は物理の試験に落ちたのです。

応用編

〈知っ得 情報！〉
―「疑問詞」と「関係詞」―

　既に学習したように、**how, what, when, where, which, who, whom, why** などは、「疑問詞」の場合と「関係詞」の場合とが在ります。そして、「疑問詞」だと訳しますが、「関係詞」の場合は訳しません（直前に「 , 」が無い場合）。

　（**直**）**前に**「**他動詞**」が使われていて、その「他動詞」の〈目的語〉となっている場合は「**疑問詞**」、（**直**）**前に**「**名詞**」が使われている場合は「**関係詞**」と考えて下さい。

　又、**直前に**「**前置詞**」**が在る**場合は、「**前置詞**」**は無視**をして、その前に在る語が「他動詞」か「名詞」かを見ます。

─── 〈練習問題：「疑問詞」と「関係詞」〉 ───

和訳しましょう。

1. This is the hospital where my father works.

2. I don't know where my homeroom teacher lives.

3. She stayed in Rome for five years, where she studied painting.

4. She didn't tell me when she would leave for Sydney.

5. The time when ordinary people can enjoy space travel will come soon.

6. I was walking along the street, when cucumbers fell from the sky.

7. Tell me the reason you look so happy today.

8. I found the reason you didn't tell me.

9. Is this the hotel in which you stayed last year ?

10. It was very difficult for me to decide in which hotel I should stay.

11. I don't know the name of the person who painted this picture.

12. I don't know who painted this picture.

13. Do your parents know with whom you will go on a trip ?

14. She is the person with whom I posed for pictures.

15. This is the way I took when I solved the problem.

応用編

─── 〈 解説と解答 〉 ───

1. これは、私の父が働いている病院です。

〈なっとく！ 考え方〉

　　where S + V の直前には〈場所〉を表す「名詞」が在りますか

　　ら、where は「関係副詞」です。

277

where の前に「,」は在りませんから "where 節" を訳した後、〈先行詞〉（= hospital）に続けます。

2. 私は、担任の先生が どこに住んでいるのか知りません。

　〈なっとく！考え方〉

　　where S + V の直前には「他動詞」（= know）が在りますから、where は「疑問詞」で、訳します。

3. 彼女はローマに 5 年 滞在しました。そして、そこで絵画（画法）を学びました。

　〈なっとく！考え方〉

　　where S + V の前には「名詞」（= five years）が在りますが、それは〈時間〉を表す名詞ですから無視をして前に遡(さかのぼ)ると、最初に出て来る〈場所を表す「名詞」〉は Rome です。

　　where は Rome に掛かっていく「関係副詞」で、しかも、直前には「,」が在ります。

4. 彼女は、いつシドニーに向けて出発するつもりなのかを教えてくれませんでした。

　〈なっとく！考え方〉

　　when S + V の前には「他動詞」（= tell）が在り、その「他動詞」の（〈何を〉に当たる）〈目的語〉が在りませんから、when は、「他動詞」tell の〈目的語〉の働きをする「疑問詞」です。

　　【註】(she) would (leave) (cf. pp. 127 3 , 197 1 (2))

5. 一般の人々が宇宙旅行を愉(たの)しむことが出来る時が、間も無く来るでしょう。

　〈なっとく！考え方〉

　　when S + V の直前には〈時間〉を表す「名詞」が在りますから、when は「関係副詞」です。

6. 私は通りを歩いていました。すると その時、空から胡瓜(きゅうり)が降って

278

来ました。

〈なっとく！ 考え方〉

S + V〜 ... , when S' + V'〜 ... . の形です。（cf. pp. 273 **2** (b)）

7. あなたが、今日、そんなに嬉しそうに見える理由を教えて下さい。

〈なっとく！ 考え方〉

you の前に that を補って考える必要が有りますが、you の直前は reason ですから、that ではなくて「関係副詞」の why を補って読みます。（cf. 下記 8. の〈なっとく！ 考え方〉）

8. あなたが（私に）教えてくれなかった理由が判りました。

〈なっとく！ 考え方〉

you の前に that を補って考えます。that 節には（「他動詞」tell の）目的語が必要ですが、在りません。"名詞 + that + S + V" の語順で、that 節に目的語が必要であるにも拘らず書かれていないのですから、that は〈関係代名詞・目的格〉です。

（cf. pp. 238 **2 目的格** (3) (4), 251 (8) の ①）

【註】上記 7. の文では、when 節に〈目的語〉は必要有りません。

9. これが、あなたが昨年 滞在したホテルですか。

〈なっとく！ 考え方〉

which の直前の「前置詞」（= in）は無視します。すると、which の直前に在る語は「名詞」です。

"名詞 + which + S + V" の形ですから、which は〈関係代名詞・目的格〉です。

【註】「前置詞」in は "which 節" の「動詞」stay の直後に移して、Is this the hotel which you stayed in last year ? と書き換えることが出来ます。

すると、"名詞 + which + S + V" の形で、"which 節"

279

に（「前置詞」in の）〈目的語〉が必要であるにも拘らず書かれていないのですから〈関係代名詞・目的格〉である、という考え方も可能です。(cf. pp. 238 **2 目的格** (3) (4), 251 (8) の ①, 下記 10. の 〈なっとく！考え方〉)

10. どのホテルに滞在するべきかを決めることは、私 にとっては とても 難しかったです。

〈なっとく！考え方〉

which の直前の「前置詞」(= in) は無視します。すると、which の直前に在る語 (= decide) は「他動詞」ですから、which は「疑問詞」です。

【註】"It is 形容詞 for A to 動詞の原形〜" の形で、〈形式主語構文〉です。(cf. pp. 223 **4** , 227 (f))

11. 私は、この絵を描いた人の名前を知りません。

〈なっとく！考え方〉

"名詞 + who + V" の形ですから、who は 〈関係代名詞・主格〉です。

12. 私は、誰が この絵を描いたのか知りません。

〈なっとく！考え方〉

who の直前に在る語は「他動詞」ですから、who は「疑問詞」です。

13. あなたの御両親は、あなたが誰と一緒に旅行に行くつもりなのかを御存知なのですか。

〈なっとく！考え方〉

whom の直前の「前置詞」(= with) は無視します。すると、whom の直前に在るのは「他動詞」ですから、whom は「疑問詞」です。

14. 彼女が、私が一緒に写真を撮った人です。

〈なっとく！考え方〉

whom の直前の「前置詞」（＝ with）は無視します。すると、whom の直前に在るのは「名詞」です。

"名詞 + whom + S + V" の形ですから、whom は〈関係代名詞・目的格〉です。

【註】(1)「前置詞」with は "whom 節" の動詞（＝ posed）の直後に移して、She is ... with と書き換えることが出来ます。

"名詞 + whom + S + V" の形で、"whom 節" に（「前置詞」with の）〈目的語〉が必要であるにも拘らず書かれていないのですから〈関係代名詞・目的格〉である、という考え方も可能です。

(2) pose with ---（for a picture）

「--- と一緒に 写真を撮る」

⇒ 主語 が被写体となる

take a picture of ---

「--- の写真を撮る 」（＝ take ---'s picture ）

⇒ 主語 が --- の写真を撮る行為を行なう

15. これが、私が その問題を解決する時に採った方法です。

〈なっとく！考え方〉

I（took）の直前に that を補うと、"名詞 + that + S + V" の形で、"that 節" に（「他動詞」took の）〈目的語〉が必要であるにも拘らず書かれていないのですから、that は〈関係代名詞・目的格〉であると言えます。(cf. pp. 238 **2 目的格** (3) (4), 251 (8) の①)

応用編

281

57 感嘆文

感嘆文には、次の2種類の形が在ります。

---
1 What +形容詞 ——+名詞 --- + S + V〜！

☞ 「 主語 は何て —— --- を 〜 (する) のでしょう」と訳します。

(a) **What a big house you live in !**
あなたは、何て大きな家に住んでいるのでしょう。

(b) **What a pretty doll you have !**
あなたは、何て可愛らしい人形を持っているのでしょう。

(c) **What beautiful flowers those are !**
あれらは、何て美しい花なのでしょう。

---
2 How +形容詞／副詞 ——+ S + V〜！

☞ 「 主語 は何て —— 〜 (する) のでしょう」と訳します。

(a) **How tall this tree is !**
この木は、何て高いのでしょう。

(b) **How well your mother plays tennis !**
あなたのお母さんは、何て上手にテニスをするのでしょう。

58 | what

特別な形を除いて、what には、次の 4 種類・6 通りの訳し方が在ります。語順に注意しましょう。

応用編

---

1 「何」

☞ 「**疑問詞**」で、〈**主語**〉〈**目的語**〉〈**補語**〉の いずれかの働きをします。

(a) **What made you angry**?

　　何があなたを怒らせたのですか。（⇒ 主語）

　　　【註】make A B （cf. p.163 **7** ）

(b) **What do you want to eat**?

　　あなたは何を食べたいのですか。（⇒ 目的語）

(c) **What is this**?

　　これは何ですか。（⇒ 補語）

---

2 「何の／どんな」

☞ 「**形容詞**」で、**直後**には「**名詞**」が使われます。

283

（a）**What book are your reading ?**

　　何の本を読んで いらっしゃるのですか。

（b）**What sport do you like ?**

　　どんなスポーツが好きですか。

---

3 「何て」

☞ **直後には "形容詞 ＋ 名詞 " が使われます。**

（cf.〈感嘆文〉 **1** （p. 282））

---

4 「何／こと／もの」

（1） "**what ＋ S ＋ V**" **が文中**に使われている場合（⇒〈**目的語**〉か〈**補語**〉の働き）

☞ 「何／こと／もの」と訳します。

（a）**I know what you did after school yesterday.**

　　私は、あなたが昨日の放課後 何をしたのかを知っています。

　　私は、あなたが昨日の放課後したことを知っています。

　　〈なっとく！考え方〉

　　　この文は先ず、I ｜ know … yesterday と分けることが出来、①I　②know … yesterday の順序で訳します。

　　　〈述部〉は更に、know ｜ what … yesterday　と分けることが出来、① what … yesterday　② know の順序で訳します。

①の部分は〈節〉ですから、① you　② yesterday　③ school　④ after　⑤ did　⑥ what、或いは、① you　② yesterday　③ school　④ after　⑤ what　⑥ did の順序で訳します。

　　　【註】what は the thing which と書き換えることが可能です。

(b)　This is what you want.
　これが、あなたが慾(ほ)しがっているものです。

(2)　"what ＋ S ＋ V"が文頭に使われている場合（⇒〈主語〉の働き）
　☞　「こと／もの」と訳します。

(a)　What I told you the day before yesterday is a lie.
　私が一昨日あなたに言ったことは、嘘です。

〈なっとく！考え方〉

　この文は先ず、What … yesterday ｜ is a lie と分けることが出来、① What … yesterday　② is a lie の順序で訳します。

　〈主部〉は〈節〉ですから、① I　② the day before yesterday　③ you　④ told　⑤ What の順序で訳し、その後、〈述部〉（＝⑥ a lie　⑦ is）を訳せば終了です。

　　　【註】what は the thing which と書き換えることが可能です。

応用編

(b) **What my father found in the garden is a very old expensive vase.**

父が庭で見付けけた物は、とても古くて高価な花瓶です。

〈なっとく！考え方〉

この文は、What ... the garden ｜ is ... vase と分けること が出来、その後は、上記 (a) と同じ考え方・順序で和訳し ます。

【註】what は the thing which と書き換えることが可 能です。

(3) "**what + V**" が**文頭**に使われていて、**肯定文か否定文**の場合

(⇒〈**主語**〉の働き)

☞ 「**こと／もの**」と訳します。

What surprised me was the news of his death.

私を驚かせたものは、彼の死に関する報せでした。

〈なっとく！考え方〉

先ずは What ... me ｜ was ... his death と分けることが出来ます。 〈主部〉は、① me ② surprised ③ What の順序で訳し、その 後、〈述部〉(＝④ his death ⑤ of ⑥ the news ⑦ was) を訳せ ば終了です。

【註】what は the thing which と書き換えることが可能です。

(4) "**what + V**" が**文頭**に使われていて、**疑問文**の場合

(⇒〈**主語**〉の働き)

☞ 「**何が**」と訳します。

What brought the flood?

何が その洪水を齎した（もたら）のですか。

〈なっとく！考え方〉

「大原則」 **2** の （1） に従って、① What　② the flood　③ brought の順序で訳します。

(5)　"**what ＋ V**" **が文中**に使われている場合

　　　　（⇒〈**目的語**〉か〈**補語**〉の働き）

☞　「何が／こと／もの」と訳します。

(a)　**What I want to know is what made her cry.**

私が知りたいことは、何が彼女を泣かせたのか（ということ）です。

〈なっとく！考え方〉

この文は、What ... know ｜ is ... cry　と分けることが出来、〈主部〉は ① I　② know　③ to　④ want　⑤ What の順序で、〈述部〉は ① what　② her　③ cry　④ made　⑤ is の順序で訳します。

【註】(1)　What I want to know の部分は、what ＋ S ＋ V が文頭に使われている場合です。（cf. 上記 (2)）

(2)　What I want to know の what は、the thing which と書き換えることが可能です。

(3)　made her cry　（cf. 147 **1** ）

(b)　**I am looking for what is helpful to this experiment.**

私は、この実験に役立つ（or, 有益な）ものを探しています。

〈なっとく！考え方〉

この文は、I｜am ... experiment と分けることが出来、〈述部〉は ① this experiment　② to　③ helpful　④ is　⑤ what　⑥ for　⑦ am looking の順序で訳します。

59 | how

「疑問詞」の how には、大別すると 3 つの用法・訳し方が在ります。

---

1 「なんて」

☞ 以下の条件に当て嵌まる場合です。

(1) **How が文頭**に使われている。

(2) **How の直後**には、「**形容詞**」か「**副詞**」が使われている。

(3) **文末に〈感嘆符〉**（＝！）が使われている（つまり、〈感嘆文〉です）。 （cf. p. 282 **2** ）

---

2 「どれくらい」

☞ 以下の条件に当て嵌まる場合です。

(1) **how の直後**には、「**形容詞**」か「**副詞**」が使われている。

(2) **文末**には、〈**終止符**〉か〈**疑問符**〉が使われている。

(a) **Let's measure how deep this pond is.**

　　この池が どれくらい深いか（を）測ってみましょう。

　　〈なっとく！考え方〉

　　　　この文は、〈主語〉が在りません（⇒《命令文》です）から、〈述部〉のみの ¦ひと纏まり¦ です。

289

Let's ｜ measure ｜ how deep this pond is と分ける
ことが出来、① how deep this pond is　② measure
③ Let's の順序で訳します。

　① の部分は、① this pond　② how deep　③ is の順序
で訳し、その後、④ measure　⑤ Let's を訳せば終了で
す。

　【註】how は「疑問詞」ですから、〈主語〉の次に訳
　すのでしたよね。

　　　　　(cf.「大原則」 2 の 〈例外〉(3) (p. 11))

(b)　Please tell me how many students you have in your class.

　　あなたのクラスには、どれくらい沢山の生徒が居るのかを
（私に）教えて下さい。

　　〈**なっとく！考え方**〉

　　　この文は、〈主語〉が在りません（⇒《命令文》です）
から、〈述部〉のみの ｛ひと纏まり｝ です。

　　Please ｜ tell ｜ me ｜ how many ... your class と分ける
ことが出来、① how many ... your class　② me　③ tell
④ Please の順序で訳します。

　　① の部分は、① you　② how many students　③ your
class　④ in　⑤ have の順序で訳し、その後、⑥ me
⑦ tell　⑧ Please を訳せば終了です。

3　「どんなふうにして／どうやって」

☞　**how の直後**には、「**形容詞**」も「**副詞**」も**使われていません。**

(a) **How she got to this conclusion is important.**

彼女が どんなふうにして この結論に達したのかが、重要です。

〈なっとく！考え方〉

　　この文は、How she got to this conclusion ｜ is important と 分けることが出来、① How ... this conclusion　② is important の順序で訳します。

　　① の部分（＝〈主部〉）は、How ｜ she ｜ got ｜ to ｜ this conclusion と 分ける ことが出来、① she　② How　③ this conclusion　④ to　⑤ got の順序で訳します。

　　その後、⑥ important　⑦ is を訳せば終了です。

　　　　【註】(1) How ... conclusion の後には対応する動詞（＝ be 動詞）が在りますから、"How 節" は 〈主語〉で、〈名詞節〉であると言えます。

　　　　　　(2) get to「に到着する ／ に到る」

(b) **Mother asked me to tell her how I had made this cake.**

母は私に、私が どんなふうにして このケーキを作ったのか教 えて下さい と頼みました。

〈なっとく！考え方〉

　　この文は、Mother ｜ asked ... this cake と分けることが出 来ます。

　　〈述部〉は、asked ｜ me ｜ to ｜ tell ｜ her ｜ how ... this cake と分けることが出来、① me　② how ... this cake　③ her　④ tell　⑤ to　⑥ asked の順序で訳します。

　　② の部分は、① I　② how　③ this cake　④ had made の 順序で訳します。

　　　　【註】(1) how ... cake は、「他動詞」tell の 〈目的語〉

です。

(2) ask A to 動詞の原形～ （cf. p.153 **1** –(1)）

(c) **What our teacher wanted to know was how we had got to this conclusion.**

　私たちの先生が知りたかったことは、私たちが どんなふうに して この結論に達したのか ということでした。

〈なっとく！考え方〉

　この文は、What … know ｜ was … this conclusion と分けることが出来、① What … know　② was … this conclusion の順序で訳します。

　〈主 部〉（ = What … know）は、① our teacher　② know ③ to　④ wanted　⑤ What の順序で、〈述 部〉（ = was … this conclusion）は、① we　② how　③ this conclusion　④ to　⑤ had got　⑥ was の順序で訳します。

〈練習問題：what と how〉

和訳しましょう。

1. What an interesting book this is !

2. Nobody knows how they met.

3. I can't understand what you said.

4. What music are you listening to ?

5. I don't know what this is.

6. How difficult it is to solve this puzzle !

7. This is what she bought for me.

8. What he says is always very difficult.

9. She didn't tell me how the accident happened.

10. What caused the accident ?

11. What she wanted to say is that she would not go there with you.

12. They coudn't believe what they saw.

13. How hard it was for me to leave you is what I wanted to tell you.

14. What expensive bags you bought !

15. He thought about how he should explain this to his mother.

応用編

〈 解説と解答 〉

1. これは、何て面白い本なのでしょう。（cf. p. 282 **1** ）

2. 彼らが どんなふうにして知り合ったのかを知っている人は、誰も
   居ません。（cf. p. 290 **3** ）

293

3. 私は、あなたの言ったことを理解することが出来ません。

(cf. p. 284 **4** (1) の (a))

4. あなたは、どんな音楽を聴いているのですか。(cf. p. 283 **2**)

5. 私は、これが何であるのか知りません。(cf. p. 285 **4** (1) の (b))

6. このパズルを解くことは、何て難しいのでしょう。

【註】(1) 《感嘆文》です。(cf. 282 **2**)

(2) 元の形は it is difficult to solve this puzzle で、

《形式主語構文》です。(cf. pp. 223 **4** , 227 (f))

7. これは、彼女が私に買ってくれたものです。

(cf. p. 285 **4** (1) の (b))

8. 彼が言うことは、いつも とても難しいです。

(cf. p. 285 **4** (2) の (a))

9. その事故が どんなふうにして起こったのかを彼女は私に言いません
でした。

〈なっとく！考え方〉

この文は、She ｜ didn't ... happened と分けることが出来、① She
② didn't ... happened の順序で訳します。

〈述部〉は、didn't ｜ tell ｜ me ｜ how the accident happened と分
けることが出来、① how ... happened ② me ③ tell ④ didn't の
順序で訳します。

① の部分は更に、how ｜ the accident ｜ happened と分けること
が出来、① the accident ② how ③ happened の順序で訳します。

(cf. p. 290 **3**)

10. 何が その事故を引き起こしたのですか。(cf. p. 286 **4** (4))

11. 彼女が言いたかったことは、彼女は あなたと一緒に そこに行く
つもりは無かったということです。

〈なっとく！考え方〉

294

この文は、What ... to say ｜ is ... with you と分けることが出来、① What ... to say　② is ... with you の順序で訳します。

　〈主部〉は、① she　② say　③ to　④ wanted　⑤ What の順序で訳します。(cf. p. 285 **4** (2))

　〈述部〉(＝ is ... with you) は、is ｜ that ｜ she ｜ would not ｜ go ｜ there ｜ with ｜ you と分けることが出来、① she　② you　③ with　④ there　⑤ go　⑥ would not　⑦ that　⑧ is の順序で訳します。

　　【註】(1) that ... は、is (＝ be 動詞) の直後に使われています。(cf. pp. 246 **3** , 251 (6))

　　　　(2) would (cf. pp. 127 **3** ・ 197 **1** (2))

12. 彼らは、自分たちが目にした (or, 見た) ことを信じることが出来ませんでした。(cf. p. 284 **4** (1) の (a))

13. あなたの許(もと)を立ち去ることが 私にとって どれくらい難しいことであったか (ということ) が、私が あなたに言いたかったことです。

　〈なっとく！考え方〉

　　この文は、How ... leave you ｜ is ... tell you と分けることが出来、① How ... leave you　② is ... tell you の順序で訳します。

　　〈主部〉(＝ How ... leave you) は、How hard ｜ it ｜ was ｜ for ｜ me ｜ to ｜ leave ｜ you と分けることが出来、① you　② leave　③ to　④ me　⑤ for　⑥ How hard の順序で訳します。

　　〈述部〉(＝ is ... tell you) は、is ｜ what ｜ I ｜ wanted ｜ to ｜ tell ｜ you と分けることが出来、① I　② you　③ tell　④ to　⑤ wanted　⑥ what　⑦ is の順序で訳します。

　　【註】(1) How ... leave you (cf. p. 289 **2**)

　　　　(2) 〈主部〉の元の形は it was hard for me to leave

295

you で、《形式主語構文》です。

(cf. pp. 223 **4** , 227 (f))

(3) what ... you（cf. p. 285 **4** (1) の (b)）

14. あなたは、何て高価なバッグを買ったのでしょう。(cf. p. 282 **1**)

15. 彼は、どんなふうにして お母さんに このことを説明すべきかについて考えました。

〈**なっとく！考え方**〉

　　この文は、He ｜ thought ... his mother と分けることが出来、① He　② thought ... his mother の順序で訳します。

　　② の 部 分（ = 〈述 部〉）は、thought ｜ about ｜ how ... his mother と分けることが出来、① how ... to his mother　② about　③ thought の順序で訳します。

　　① の部分（= how ... to his mother）は、how ｜ he ｜ should ｜ explain ｜ this ｜ to ｜ his mother と分けることが出来、① he　② how　③ his mother　④ to　⑤ this　⑥ explain　⑦ should　⑧ about　⑨ thought の順序で訳します。

60 | as

本章では、「前置詞」と「従位接続詞」の働きをする場合の as の訳し方を学習しましょう。

as が出て来たら、先ずは、それが「**前置詞**」なのか「**従位接続詞**」なのかを**区別**することから始めます。

---

1 「前置詞」の場合

☞ as の**直後**に〈名詞（句）〉のみが置かれている

「**として（の）**」と訳します。

Let's use this box as a table.

この箱を、テーブルとして使いましょう。

【註】as a table は use に掛かっていく〈副詞句〉です。

One of my friends wants a position as teacher of English.

私の友人の1人は、英語教員としての地位が慾しいのです。

【註】as teacher of English は a position に掛かっていく〈形容詞句〉です。

297

2 「従位接続詞」の場合

☞ as の直後に〈名詞（句）〉以外の語形（＝ S ＋ V や〈名詞（句）〉以外の語句）が置かれている

(1)「**時**」と訳す場合

　　① as 節には、文の要素（構造）の上で、足りないものは無い。

　　②〈as 節〉は、文の前半・後半のどちらに置いても宜い。

(2)「**ので**」と訳す場合

　　①〈as 節〉には、文の要素（構造）の上で、足りないものは無い。

　　②〈as 節〉は、通常、文の前半に置く。

(3)「**ように（は）／と同様に（は）**」と訳す場合

　　①〈as 節〉には、文の要素（構造）の上で、足りないものが在る。

　　②〈as 節〉は、文の前半・文中・後半のどこに置いても宜い。

(4)「**につれて**」と訳す場合

　　〈状況の変化を表す表現〉と併用される。

　　＊〈状況の変化を表す表現〉

　　　　　　・become 名詞 --- 　（--- になる）

　　　　　　・become 形容詞 ―（ ― になる）

- get 形容詞 ― 　　（ ― になる）
- grow 形容詞 ― 　　（ ― になる）
- turn 形容詞 ― 　　（ ― になる）
- 比較級 ― 　　　　　（より ― ）

(5) 「**限りでは**」と訳す場合
　　① 〈as 節〉には、文の要素（構造）の上で、足りないものが在る。
　　② 〈as 節〉は、通常、文中に置く。

(6) 「**けれども**」と訳す場合
　　"名詞 + as + S + V～,
　　　　　　　　S' + V'～～."
　　"形容詞 + as + S + V～,
　　　　　　　　S' + V'～～."
　　の形で使われます。

(7) 「**ながら**」と訳す場合
　　① 〈as 節〉には、文の要素（構造）の上で、足りないものは無い。
　　② 〈as 節〉は、文の前半・後半のどちらに置いても宜い。

応用編

(a) **As I was watching television, the telephone rang.**
　私がテレビを観ている時、電話が鳴りました。

【註】〈as 節〉には、文の要素（構造）の上で、足りないものは在りません（＝ S ＋ V ＋ O の形です）。

(cf. p. 298 (1))

(b) **As she often tells a lie, she isn't trusted by her friends.**

彼女は屡々 嘘をつくので、友達から信頼されていません。

【註】〈as 節〉には、文の要素（構造）の上で、足りないものは在りません（＝ S ＋ V ＋ O の形です）。

(cf. p. 298 (2))

(c) **My father is, as you know, a teacher of English.**

私の父は、あなたも御存知のように、英語の教師です。

【註】〈as 節〉の「他動詞」（＝ know）の〈目的語〉が在りません。(cf. p. 298 (3))

(d) **As in Tokyo, prices in London are very high.**

東京（に於けるの）と同様、ロンドンの物価も とても高いです。

【註】as 以下が、〈節〉として不完全です（⇒ S ＋ V が無い）。(cf. p. 298 (3))

(e) **As my son grew older, he became more silent.**

私の息子は、年を取るにつれて、一層 無口になりました。

【註】〈状況の変化を表す表現〉が使われています。

(cf. p. 298 (4))

(f) **My father collected, as I remember, ten thousand old coins.**

父は、私が憶えている限りでは、1万枚の古いコインを集めました（or, 集めて、持っていました）。

【註】〈as 節〉が文中に使われ、〈as 節〉の「他動詞（＝

remember）の〈目的語〉が在りません。

(cf. p. 299 (5))

(g) **Child as he is, he knows many things.**

子供ではあるけれども、彼は沢山のことを知っています。

【註】"名詞 + as + S + V〜, S' + V'〜〜 ." の形です。

(cf. p. 299 (6))

(h) **Rich as she was she was not happy.**

金持ちではあるけれども、彼女は幸せではありませんでした。

【註】"形容詞 + as + S + V〜, S' + V'〜〜 ." の形です。

(cf. p. 299 (6))

(i) **He spoke to his teacher as he chewed gum.**

彼は、ガムを噛みながら先生に話し掛けました。

(cf. p. 299 (7))

応用編

301

〈練習問題：as〉

和訳しましょう。

1. As he didn't study hard, he couldn't pass the exam.

2. As you know, she likes fish and fruits.

3. Expensive as the rings were, he bought three for his wife.

4. As I entered my sister's room, she was lying on her bed and watching television.

5. My husband is perfect as a father, but the worst as a husband.

6. My brother didn't do it as told.

7. As she grew older, she became beautiful.

8. My grandfather likes having meals as he watches television.

9. Her favorite is, as I remember, fish and fruits.

10. He hasn't found it hard to keep a lion or a tiger as a pet.

11. I had my father repair the watch I bought as a souvenir when I went to England.

12. As we talked, it became clear she had a very strong political opinions.

〈 解説と解答 〉

1. 彼は、一所懸命に勉強しなかったので、試験に合格することが出来ませんでした。(cf. p. 298 **2** (2))

2. あなたも御存知のように、彼女は魚と果物が好きです。

(cf. p. 298 **2** (3))

3. それらの指輪は（値段が）高かったけれども、彼は、妻に３つ買い

ました。（cf. p. 299 **3** (6)）

4. 私が姉の部屋に入って行った時、彼女は、ベッドに寝転がってテレビを観ているところでした。

【註】(1) as （cf. p. 298 **2** (1)）

(2) and は、lying on her bed と watching television を結んでいます。

5. 私の夫は、父親としては完璧ですが、夫としては最悪です。

【註】(1) as a father, as a husband （cf. p. 297 **1** ）

(2) but 以下の本来の形は he is the worst as a husband です。

6. 私の弟は、言われたようには それを しませんでした。

【註】(1) told は「過去分詞」ですから、as は「前置詞」ではなくて「従位接続詞」です。

as 以下は、〈主語〉も〈動詞〉も 無い不完全な形です。（cf. p. 298 **2** (3)）

(2) 〈弟は、それをするにはしたが、私が言った通りの遣り方ではしなかった〉という意味であって、「言われたように」と訳すと、「私がするなと言ったので、しなかった」と取られる惧れが有ります。

又、as を「けれども」と訳しても意味は通じますが、as を「けれども」と訳す場合と形が異なりますから、「けれども」と訳すのは誤りであると言えます。

（cf. p. 299 **2** (6)）

7. 彼女は、大きくなるにつれて、美しくなりました。

（cf. p. 298 **2** (4)）

8. 私の祖父は、テレビを見ながら食事を摂るのが好きです。

【註】(1) as （cf. p. 299 **2** (7)）

応用編

303

(2) having は、他動詞の直後に置かれていますから、〈目的語〉で「動名詞」です。(cf. pp. 71 **2** , 80 **1**(2))

9. 彼女の好物は、私の憶えている限りでは、魚と果物です。

(cf. p. 299 **2** (5))

10. 彼は、ライオンやトラをペットとして飼うことが大変だということが解っていません。

【註】(1) hasn't found は《現在完了》です。

(2) found it hard to keep　(cf. p. 161 **3**)

(3) as（cf. p. 297 **1** ）

11. 私は、(私が) イングランドに行った時に土産として買った腕時計を、父に修理して貰いました。

【註】(1) had my father repair（cf. p. 148 **3** ）

(2) the watch (that) I bought

(cf. pp. 238 **2** (3)(4), 251 (8) の ①)

(3) as（cf. p. 297 **1** ）

12. 話をするにつれて、彼女は、政治に関する とても強い意見（or, とても強い政治的意見）を持っているということが明らかになりました。

【註】(1) As（cf. p. 298 **2** (4)）

(2) she の直前に that を補って読みます。

(cf. pp. 226 (d), 250 (3) の ④)

61 長〜い文の攻略法：
「述語動詞」の見付け方

「**述語動詞**」とは、〈**文の主語に対する動詞**〉でしたね。

では、長〜い文、或いは、構造が複雑な文を攻略する時に、なぜ「述語動詞」を見付ける必要が有るのでしょうか。

それは、どんなに長い文でも、どんなに構造が複雑な文でも、「**述語動詞**」の直前で、大きく〈**主部**〉と〈**述部**〉の **2** つの部分に分けることが出来る**からです。（cf.「大原則」 1 （p. 10））

本章では、「述語動詞」の見付け方と、長い、或いは、構造が複雑な文の訳し方について学習しましょう。

以下に挙げた事柄が、留意点です。

---

1 「他動詞」の〈〜ed 形〉が出てきたら、それが「（他）動詞」であるか「過去分詞」であるかを判別する。

2 「動詞」である可能性の有るものを 1 つずつ、「動詞」であるかどうか確認する。
 ⇒「be 動詞」・《進行形》・《受動態》・《完了形》・「助動詞」との併用、は絶対に「動詞」である。
  又、"to 不定詞"は、2 単語で 1 語扱い

305

とする。

3 「動詞」である場合、直前に（文法的に）対応する〈主語〉が在るかどうかを確認する。

　　直前に対応する〈主語〉が在れば、それは「述語動詞」ではない。

　　「動詞」であるにも拘らず、直前に対応する〈主語〉が無い場合、それが「述語動詞」である。

　　[註]　文頭や節頭の「（連成）名詞」の直後に使われる「動詞」は、その「名詞」（＝〈主語〉）**に対する「（述語）動詞」**と言えます。

4　或る1つの「名詞」が、同時に2つ以上の〈働き〉をすることは、有り得ない。

（「大原則」 **4** (cf. p. 11) ）

5　1つの〈主語〉に対して2つ以上の「動詞」や「助動詞」が連続して用いられることは、有り得ない。（「大原則」 **5** (cf. p. 11)）

6　〈that 節〉は ｛ひと纏まり｝ と考える。

7　〈従位 接続詞節〉や〈関係詞節〉は ｛ひと纏まり｝ と考える。

8 〈主部〉を（幾つかの）〈節〉の纏（まと）まりに分け、後ろの〈節〉から前の〈節〉へと和訳する。
〈主部〉で最後に訳す〈語〉が〈主語〉。

9 〈述部〉を（幾つかの 〈節〉の纏（まと）まりに分け）後ろから前へ和訳する。
〈述部〉で最後に訳す〈語〉が「述語動詞」。

以上の事柄に注意して、以下の各文の「述語動詞」を確定した上で、全文を訳しましょう。

（a）**A clear plastic bottle filled with water and placed on a wall to repel cats caused a fire in Edogawa-ku in Tokyo.**

〈なっとく！ 考え方〉

「動詞」の可能性が有る語は、filled, placed, repel, caused です。

filled と placed は、「他動詞」fill（＝を満たす）と「他動詞」place（＝を置く）の“〜ed 形”ですが、共に、〈目的語〉に当たる「名詞」が在りませんから、「過去分詞」です（⇒「満たされた」「置かれた」と訳して、直前の「名詞」に掛かって行きます）。

repel は、直前に to が在りますから“to 不定詞”です。to repel で ｛ひと纏まり｝ ですね。

caused は、「他動詞」cause の“〜ed 形”です。直後に〈目的語〉に当たる「名詞」（＝ a fire）が在りますから、caused は「他動詞」であると言えます。

では、caused の直前に在る cats は、「動詞」caused に対応する

307

〈主語〉であると言えるでしょうか。

　言えません。cats は repel の 〈目的語〉 ですから、同時に caused の〈主語〉には成り得ないのです。

（cf.「大原則」 **4** (p. 11)）

　他に「動詞」の可能性が有るものは在りませんから、caused が〈述語動詞〉です。

　caused の直前で、〈主部〉と 〈述部〉に分かれます。そして、〈主部〉は、A clear ... bottle ｜ filled ... a wall ｜ to repel cats と分けられ、① to repel cats　② filled ... a wall　③ A clear ... bottle の順序で訳します（⇒　filled ... wall は、「等位接続詞」（= and）によって結ばれていますから ｜ひと纏まり｜ です（cf. p. 50《重要》(1)））。

　〈主部〉を訳す順序は、① cats　② repel　③ to　④ water　⑤ with　⑥ filled　⑦ and　⑧ a wall　⑨ on　⑩ placed　⑪ A clear plastic bottle で、〈述部〉には、〈節〉や〈等位接続詞で結ばれた部分〉は在りませんから、後ろから前へと訳していきます。

〈和訳〉

　猫を追い払うために、水で満たされ塀の上に置かれた透明なプラスチック・ボトルが、東京の江戸川区で火事を惹き起こしました。

(b) **Children who have been forced to study since they entered kindergarten are freed all restraint once they enter university.**

〈なっとく！ 考え方〉

　「動詞」の可能性が有る語は、have been forced, study, entered, are freed, enter の 4 つです。

　have been forced は《現在完了 受動態》ですから、絶対に「動

詞」です。しかし、直前に在る who は、"名詞 ＋ who ＋ 動詞"
の語順で〈関係代名詞・主格〉です。

　つまり、have been forced は who に対する「動詞」であって、
〈主語と動詞が直前・直後で対応〉していますから、「述語動詞」
ではありません。

　study はどうでしょう。これは、to study で ｛ひと纏まり｝（＝
"to 不定詞"）ですから、study だけを取り出して考えてはいけま
せん。

　entered は、直後に〈目的語〉に当たる「名詞」（＝
kindergarten）が置かれていますから、「他動詞」であると言えま
す。

　しかし、直前には対応する〈主語〉（＝ they）が在ります。
they entered で〈主語と動詞が直前・直後で対応〉していますか
ら、「述語動詞」ではありません。（⇒「代名詞」の〈主格〉は
〈主語〉の働きをするんでしたね。(cf. p. 35 1 の (1))）

　are freed は《受動態》ですから、絶対に「動詞」です。では、
直前の「名詞」（＝ kindergarten）は、are freed の〈主語〉と言
えるでしょうか。

　2つの理由で言えません。1つは、kindergarten は entered の
〈目的語〉ですから、同時に〈主語〉になることは、有り得ま
せん。（「大原則」 4 (cf. p. 11)）

　もう1つの理由は、もし kindergarten が〈主語〉であれば、
are freed ではなくて is freed となっているでしょう。

　すると、are freed は絶対に「動詞」であるにも拘らず、直前
に対応する〈主語〉が在りません。これは怪しい！

　enter は、「他動詞」であるとは言えますが、直前に〈主語〉
が在りますから、「述語動詞」とは言えません。

応用編

309

以上のことから、「述語動詞」は are freed であると決定しました。

　この文は、Children ... kindergarten｜are freed ... university と分けることが出来、①Children ... kindergarten　②are freed ... university の順序で訳します。

　①の部分（＝〈主部〉）は、先ずは Children｜who... kindergarten と分けることが出来ます。

　who ... kindergarten の部分は、who｜have been forced｜to｜study｜since ... kindergarten と分けることが出来、〈主語〉を訳した後、後ろから前へと訳しますが、〈主語〉（＝who）は「関係代名詞」ですから、訳しません。従って、①since ... kindergarten　②study　③to　④have been forced の順序で訳します（⇒ since の訳し方に注意しましょう。（cf. pp. 182～183））

　since ... kindergarten の部分は、since｜they｜entered｜kindergarten と分けることが出来、①they　②kindergarten　③entered　④since の順序で訳します。

　〈述部〉（＝are freed ... university）は、先ずは are freed｜all restraint｜once they enter university と分けることが出来ます。

　once they enter university の部分は、①once　②they　③university　④enter の順序で訳します。

〈和訳〉

　幼稚園に入って以来（ずっと）勉強することを強制されている子供たちは、いったん大学に入ったら、総ての抑圧から解放されるのです。

(c)　An experimental satellite China launched earlier this month from the same pad as the country's first manned spaceflight

landed in the central province of Sichuan on Friday.

〈なっとく！考え方〉

「動詞」の可能性の有る語は、launched, manned, landed の 3 つ です。

launched は launch の "～ed 形" ですから、「他動詞」launch の 〈過去形〉か〈過去分詞形〉、或いは、「過去分詞」の 3 つの可能 性が考えられます。

もしも「過去分詞」であるならば、直前か直後には、修飾す る「名詞」が在るはずですね。しかし、直前の China は「名詞」 ですが、「固有名詞」（＝国名）ですから修飾することは出来ま せん。又、直後の earlier は「副詞」ですから、launched は「過 去分詞」ではありません。

launched は「動詞」であると言えます。〈完了形〉には なって いませんから、〈過去形〉です。

直前の China が launched の〈主語〉だと考えられますから、 launched は「述語動詞」ではありません。

manned は「形容詞」です（⇒ 直後の「名詞」（＝ spaceflight) を修飾しています。又、the ... spaceflight は「連成名詞」です)。

landed が「述語動詞」ですが、念のために、直前の spaceflight が landed の〈主語〉に成り得るかどうかを考えてみましょう。

the same ... spaceflight は from の〈目的語〉ですから、landed の〈主語〉には成れないのです。

さて、和訳の作業に進みましょう。

先ずは、China launched（＝ S ＋ V）の直前に that を補いま す。すると、An experimental satellite（that）China launched は〈名 詞 ＋ that ＋ S ＋ V〉の語順です。補った that は、〈関係代名詞・ 目的格〉です。

311

この文は、An experimental satellite ... spaceflight | landed ... on Friday と分けることが出来ます。

〈主部〉は、先ずは An experimental satellite | that China ... spaceflight と分けることが出来、〈that 節〉は、that | China | launched | earlier this month | from | the same pad | as | the country's first manned spaceflight と分けられます。

〈主語〉（= China）を訳した後、後ろから前へと launched までを訳します（⇒ that は「関係代名詞」ですから訳しません）。

〈述部〉（= landed ... on Friday）は、landed | in | the central province | of | Sichuan | on | Friday と分けることが出来、後ろから前へと訳します。

〈和訳〉

中国が、同国初の有人宇宙船と同じ発射台から今月初めに打ち上げた実験衛星が、金曜日、中部の四川省に着陸しました。

【註】(1) launched が experimental satellite China（実験衛星「チャイナ」）に掛かっていく「過去分詞」だと考えたアナタ。もし、そうだとすると、〈今月の初旬に打ち上げられた衛星「チャイナ」〉は（1つに）限定されますから、「冠詞」は、An ではなくて The が使われます。

(2) the same A as B 「B と同じ A」

(d) **A man accused of trying to extort half a million dollars from a restaurant by claiming his mother found a mouse in her soup was sentenced to one year in jail on Thursday.**

〈なっとく！ 考え方〉

「動詞」の可能性が有る語は、accused, trying, extort, claiming,

found, was sentenced の 6 つです。

accused は「他動詞」accuse の "〜ed 形" ですが、対応する〈目的語〉が無いので「過去分詞」。

trying は、「前置詞」の直後に置かれているので、〈目的語〉で「動名詞」。

extort は、to extort で "to 不定詞"。

claiming は、「前置詞」の直後に置かれているので、〈目的語〉で「動名詞」。

found の直後には〈目的語〉に当たる「名詞」(=a mouse) が在りますから、「(他) 動詞」と言えます。しかし、直前には〈主語〉に当たる his mother が在ります。〈主語と動詞が直前・直後で対応〉していますから、「述語動詞」とは言えません。

was sentenced は《受動態》ですから、絶対に「動詞」です。では、直前の「名詞」her soup は、was sentenced の〈主語〉と言えるでしょうか。

言えません。なぜなら、her soup は「前置詞」in の〈目的語〉だからです。

絶対に「動詞」であるのに直前に対応する〈主語〉が無いのですから、was sentenced が「述語動詞」と言えます。

さて、和訳の作業に進みましょう。

先ずは、his mother の直前に that を補います。すると、that の直前には「他動詞」claim (ing) が在りますから、that his mother ... her soup は「他動詞」claim (ing) の〈目的語節〉です。

この文は、A man ... her soup | was sentenced ... on Thursday と分けることが出来ます。

〈主部〉は、先ずは A man | accused | of | trying | to | extort | half a million dollars | from | a restaurant | by |

応用編

313

claiming | that his mother ... her soup と分けることが出来、〈that 節〉は、that | his mother | found | a mouse | in | her soup と分けられます。

　〈主語〉（= his mother）を訳した後、後ろから前へと that まで を訳します。

　〈述部〉（= was sentenced ... on Thursday）は、was sentenced | to | one year | in | jail | on | Thursday と分けることが出 来、後ろから前へと訳します。

〈和訳〉

　（自分の）母親が（母親の）スープの中に鼠を見付けたと言う (or, 主張する）ことによって、レストランから50万ドルを脅し 取ろうとしたことで告訴された男が、木曜日、懲役1年の判決 を言い渡されました。

(e) **A new whooping cough vaccine designed to replace one that has caused serious side effects and about 250 deaths has been tested successfully in Sweden, and could be available soon in the United States.**

〈なっとく！ 考え方〉

　「動詞」の可能性の有る語は、designed, replace, has caused, has been tested, be の5つです。

　designed は、「他動詞」design の "〜ed形" です。直後の "to 不定詞" を〈名詞的用法〉（＝目的語）と考えると、designed は、 「他動詞」design の〈過去形〉であると言えます。「過去分詞」 だと考えると、直前の vaccine に掛かっていきます。

　〈動詞の過去形〉・「過去分詞」の両方の可能性が有りますか ら、保留しましょう。

replace は "to 不定詞" ですから、不可。

has caused は〈現在完了〉で、絶対に「動詞」です。

しかし、one that has caused が〈名詞 + that + 動詞〉の語順ですから、that は〈関係代名詞・主格〉です。

つまり、that has caused の部分は、〈主語と動詞が直前・直後で対応〉していますから、has caused は「述語動詞」とは言えません。

has been tested は《現在完了》ですから、絶対に「動詞」です。

では、直前の「名詞」deaths は、has been tested の〈主語〉だと言えるでしょうか。

2つの理由で言えません。1つは、もし deaths が〈主語〉であれば、has been tested ではなくて have been tested とならなくてはなりません。

もう1つの理由は、serious ... deaths は has caused の〈目的語〉ですから、同時に〈主語〉になることは、有り得ません。

（「大原則」**4** (p. 11)）

従って、has been tested は「述語動詞」であると言えます。

残るは be ですが、be は〈「助動詞」との併用〉ですから、絶対に「動詞」です（be は「be 動詞」なのだから、絶対に「動詞」である、という説明も可能です）。

では、直前に、対応する〈主語〉は在るでしょうか。

直前は「等位接続詞」（ = and）です。and が結んでいる、could be に対応する語を見付ける必要が有ります。

対応する語（＝動詞）は、has been tested です。つまり、この文の「述語動詞」は、has been tested and could be ということです。

「述語動詞」は has been tested and could be であると決定しま

315

したから、保留してあった designed は「過去分詞」だということですね。

さて、和訳の作業に進みましょう。

この文は、A new whooping cough vaccine ... 250 deaths ｜ has been ... in the United States と分けることが出来ます。

〈主部〉は、先ずは A new whooping cough vaccine ｜ designed ｜ to ｜ replace ｜ one ｜ that ... 250 deaths と分けることが出来ます。

〈that 節〉は、that ｜ has caused ｜ serious side effects and about 250 deaths と分けることが出来、①serious side effects　②and ③about 250 deaths　④has caused の順序で訳します（⇒ that は「関係代名詞」ですから訳しません）。

〈述部〉（＝ has been tested ... the United States）は、has been ... in Sweden ｜ and ｜ could be ... the United States と分けることが出来、①　has been ... in Sweden　②and　③could be ... the United States の順序で訳します。

〈和訳〉

深刻な副作用を引き起こし、約250人が死亡する原因となった（従来の）ワクチンに取って替わるために作られた百日咳の新しいワクチンが、成功裏（せいこうり）に実験を終え、（もし利用したければ）近々、アメリカで利用可能になるでしょう（に）。

【註】(1) one は、vaccine の代用である「代名詞」です。

(2) could は《仮定法過去》です。

62 訳さない主語 It

主語に必ず It が使われ、しかも、**主語 It を訳さない種類**の文が在ります。

1 寒暖を表す場合

It is very hot today.

今日は、とても暑いです。

2 強調構文

☞　cf. pp. 228~232

3 距離を表す場合

How far is it from Tokyo to Osaka?

東京から大阪まで、どれくらいの距離ですか。

It is about 550 kilometres.

凡そ 550 キロメートルです。

応用編

317

4 金額を表す場合

・It costs A + 金額 --- + to 動詞の原形〜.

・It costs + 金額 --- + for A to 動詞の原形〜.

　「A が／A にとって 〜 することに --- が掛かる」

How much did it cost your father to buy the German car ?

　あなたのお父さんが例のドイツ製の車を買うのに、幾ら掛かり
ましたか。

It cost my brother ten thousand yen to go there by taxi.

It cost ten thousand yen for my brother to go there by taxi.

　私の弟が、そこへタクシーで行くのに 1000 円 掛かりました。

　　【註】costs ではありませんから、この文は〈過去時制〉で
す。

5 形式主語構文

☞　cf. pp. 223 ~ 227

6 時刻を表す場合

What time is it now (by your watch) ?

　（あなたの腕時計では）今 何時ですか。

It is half past ten.

10 時半です。

7　状況を表す場合

It was quiet in the room.

部屋の中は静かでした。

8　所要時間／期間を表す場合

・**It takes　A ＋所用時間／期間 --- ＋ to** 動詞の原形～.

・**It takes ＋所用時間／期間 --- ＋ for　A　to** 動詞の原形～.

　　「A が／A にとって ～ するのに --- 掛かる」

How long did it take you to walk to the station from here ?

　ここから駅まで あなたが歩くのに、どれぐらいの時間が掛か
りましたか。

It took my mother six hours to make this cake.

It took six hours for my mother to make this cake.

　母が このケーキを作るのに、6 時間 掛かりました。

応用編

319

9 天候を表す場合

It will be cloudy tomorrow.
明日は曇りでしょう。

It rained heavily yesterday.
昨日は、激しく雨が降りました。

10 日・曜日・週・月・季節・年を表す場合

It is Sunday today.
今日は日曜日です。

11 明暗を表す場合

It is already dark outside.
外は、既に暗いです。

12 appear, happen, seem などを使った構文

It appears to me (that) my grandfather has lost his memory.
祖父は、記憶を無くしてしまったように（私には）見えます。

It happened that my mother was out when I rang her.
私が電話をした時、母は偶々外出中でした。

It seems to me (that) my grandfather has lost his memory.

祖父は、記憶を無くしてしまったように（私には）見えます。

応用編

63 その他の重要表現

応用編

1 All + S + V～ is --- ／ to～～.

☞ 「S が ～すること（or, もの）と言えば、--- ／～～すること だけである」と訳します。

All she did for me was to lend me her dictionary.

彼女が私のためにしてくれたことと言えば、彼女の辞書を私に貸してくれることだけでした。

① she ② me ③ for ④ did ⑤ all ⑥ her dictionary ⑦ me ⑧ lend ⑨ to ⑩ was

All I can cook for breakfast will be fried eggs.

私が朝食に作れるものと言えば、目玉焼きぐらいでしょう。

① I ② breakfast ③ for ④ cook ⑤ can ⑥ all ⑦ fried eggs ⑧ be ⑨ will

2 busy

☞ busy に関しては、次の2つの形を憶えましょう。

(1) **busy with ＋名詞** --- 「--- で忙しい」

My sister was very busy with her homework yesterday.

妹は昨日、自分の宿題で とても忙しかったです。

(2) **busy in ＋ 動名詞～** 「～することに（で）忙しい」

My father has been busy in repairing his computer since this morning.

父は、今朝からずっと、自分のコンピュータを修理すること で忙しいです。

【註】最近のアメリカ英語では、busy の後の in を使わない 傾向に有ります。その結果、in の後に置かれている 「動名詞」が「現在分詞」へと品詞の変化をせざるを得 なくなりました。

そして、品詞が変化するということは、用法・訳し 方も変化するということです。

上の例文で言えば、repairing は「前置詞」（＝ in）の 直後に置かれていますから〈目的語〉です。

〈目的語〉になる～ing は「動名詞」で（cf. p.71 **2**）、 「～すること」と訳します。

ところが、in が無くなると、repairing は「現在分詞」 と考えざるを得ず、しかも、同じ文の「動詞」（相当語 句）を修飾する「～しながら」の訳し方しか取れま せん。その結果、「～しながら忙しい ⇒ せわしなく ～ している」と訳されるようになりました。

応用編

323

3 come to

to に続く品詞は、「名詞」と「動詞（の原形）」の2種類が在ります。
そして、どちらの品詞が使われるかによって訳し方が異なります。

更には、「動詞」（の原形）が使われる場合でも、2通りの訳し方が在ります。

（1）**come to** ＋名詞 ---　　「--- に来る／達する／届く」

　　My teacher will come to my house tomorrow.

　　私の先生が、明日、私の家に来る予定です。

　　　（cf. get to --- 「--- に達する／届く」）

（2）　**come to** ＋動詞の原形～

　　① ～しに（～するために）来る

　　　He often comes to see me.

　　　彼は、屢々、私に会いに やって来ます。

　　② ～するようになる

　　　My sister finally came to like vegetables.

　　　妹は終に、野菜を好むようになりました。

　　　　（cf. get to～ 「～するようになる／～するこ
　　　　とが出来る」）

4 it と one

one も it も「代名詞」ですが、使い方（意味するもの）が異なります。その違いを理解して、正しい内容読解に つなげましょう。

My father bought a nice watch.

(1) I want it.　　(2) I want one.

（1）私は、それ（＝父が買った素敵な時計その物）が慾し
い。

（2）私は、父が買ったのと同じような素敵な時計が慾しい。

5　It's because S + V〜.

☞　「それは S + V〜（だ）からです」と訳します。

Why were you absent from school yesterday？

あなたは、昨日、なぜ学校を休んだのですか。

It's because I was sick.

それは、病気だったからです。

6　他動詞〜 if S + V〜〜.

☞　「S + V〜〜かどうか（を）〜する」と訳します。

【註】if 節は、直前の「他動詞」の〈目的語〉の働きをしま
す。

(a) **Ask her if she can speak French.**

（彼女は）フランス語を話すことが出来るかどうか（を）、彼女
に尋いてみなさい。

【註】Ask ... は、主語が無く、「動詞」の〈原形〉で始まっ
ていますから、《命令文》です。

325

(b) **Do you know if he has been to England?**

彼がイギリスに行ったことが有るかどうかを、あなたは知っていますか。

(c) **I wonder if her father is a doctor.**

彼女のお父さんは、医者なのだろうか。

【註】 (1) "I wonder if S + V〜." で、「S + V〜だろうか ／ S + V〜かしら」と訳します。

⇒ I は訳しません。

(cf. I wonder where she is going.

彼女は、どこへ行くところかしら。)

(2) "主語 wonder if S + V〜." で、「主語 は S + V〜 だろうか、と思う」と訳します。

(cf. My mother wondered if I was dozing off in my room without studying.

母は、私が自分の部屋で、勉強も せずに居眠りをしているのではないだろうかと思いました。)

7 some と others

Some girls ate melons, others ate mangoes.

少女の中には、メロンを食べる者も居ればマンゴーを食べる者も居ました。

Some girls ate melons, the others ate mangoes.

何人かの少女はメロンを食べ、残りの（その他の）少女は全員が
マンゴーを食べました。

---

8 spend

☞ spend に関しては、次の2つの形を憶えましょう。

(1) **spend ＋金額／時間 --- ＋ on ―――　「 ――― に --- を費やす」**

I spent 8000 yen on this dictionary.

私は、この辞書に 8000 円 使いました。

(2) **spend ＋時間／期間 --- ＋ in 動名詞～　「～することに --- を費や
　　　　　　　　　　　　　　　　　　　　す」**

I spent two hours in reading the book.

私は、その本を読むことに 2 時間を費やしました。

> 【註】busy の場合と同じく、最近のアメリカ英語では、
> in を使わない傾向に有ります。その結果、in の後に
> 置かれている「動名詞」が「現在分詞」へと品詞の
> 変化をせざるを得なくなりました。
>
> そして、品詞が変化するということは、用法・訳
> し方も変化するということです。
>
> 上の例文で言えば、reading は「前置詞」（＝ in）
> の直後に置かれていますから〈目的語〉で、〈目的
> 語〉になる "～ing" は「動名詞」ですよね（cf. p. 71

応用編

327

2 ）。「～すること」と訳せます。

　ところが、in が無くなると、reading は「現在分詞」と考えざるを得ず、しかも、同じ文の動詞（相当語句）を修飾する「～しながら」の訳し方しか取れません。（⇒「私は、その本を読みながら2時間を費やしました。」）

9　wait for --- to 動詞の原形～

☞　「--- が ～することを待つ」と訳します。

I waited for her to notice me.
　私は、彼女が私のことに気付いてくれるのを待ちました。

10　無冠詞の「可算名詞」単数形

　数えることが出来る「名詞」（＝可算名詞）であるにも拘らず、その前に「冠詞」（＝ a, an, the）が使われていなかったり、その「名詞」が〈複数形〉になっていなかったりする場合は、訳し方・表す内容が異なりますから注意しましょう。

（1）**I went to a school yesterday.**
　　私は 昨日、（複数 在る内の）或る1つの学校に行きました。

（2）**I went to the school yesterday.**

私は　昨日、（特定の／限定された）その学校に行きました。

(3) **I went to school yesterday.**

私は 昨日、（勉強をするために）学校に行きました。

⇒ 学校が持つ本来の目的のために行く

（cf. go to bed 「床に就く／布団の中に入る」

in bed 「床に就いている」

go to church 「礼拝に行く」

in church 「礼拝中で」

go to hospital 「入院する」

in hospital 「入院中で」

leave hospital 「退院する」

go to prison 「服役する」

in prison 「服役中で」

appear in court 「出廷する」）

応用編

〈練習問題：その他の重要表現〉

和訳しましょう。

1. I could not arrive on time. It's because I got involved in a traffic accident.

2. He had to spend a month in finishing the work by himself.

3. She occasionally wondered if her husband disliked her.

4. Since then, he has spent most of his time at home, doing household chores and looking after the garden.

5. They stood waiting for the traffic lights to change.

6. He doesn't know if they still live there.

7. All she can remember about Jerk is the odd clothes he was wearing when they first met.

8. He wondered if they could see it.

9. All they did was to start a conversation with him.

10. She spent her time in bed, gossiping with neighbours who came to see her.

11. Her father died in prison fighting for independence.

12. He spent his spare time in hunting in the forest.

13. Thanks to you, I came to realise the importance of studying history.

14. All I could do was to wait for him to awake.

15. Yesterday I was busy in looking after my children. That's why I was absent from work.

〈 解説と解答 〉

1. 私は、時刻通りに到着することが出来ませんでした。それは、（私が）交通事故に巻き込まれたからです。

    【註】(1) on time「時刻通りに」

    (2) It's because S + V〜. (cf. p. 325 **5**)

    (3) get involved in 「に巻き込まれる」

2. 彼は、一人で その仕事を終えるのに 1ヶ月を費やさなくてはなりませんでした。

    【註】(1) spend （cf. p. 327 **8** の (2)）

    (2) have to (= must) （cf. p. 131 **4** の (4)）

    (3) by oneself 「一人で／単独で」

3. 彼女は時々、夫は自分のことを嫌いなのだろうかと思いました。

    【註】(1) wonder if S + V〜. (cf. p. 326 **6** (c) の【註】(2))

    (2) 「述語動詞」(= wondered) と〈目的語節〉の「動詞」(= disliked) の時制が同じですョ。

    (cf. p.248 (c))

4. その時以来、彼は、家事をしたり庭の手入れをしたりしながら、家（自宅）で自分の時間の大部分を過ごして（来て）います。

    【註】(1)《現在完了構文》の中で since が併用されていますから、〈継続用法〉です。 （cf. p. 170 **2** ）

    (2) , doing (cf. p. 75 **2**)

    (3) and は doing ... と looking ... とを結んでいます。

5. 彼らは、信号が変わるのを待ちながら立ちました（立って いました）。

    〈なっとく！考え方〉

    waiting は、〈主語〉〈目的語〉〈補語〉のいずれでもありません

331

から、「動名詞」ではなくて「現在分詞」です。

　ところが、直前にも直後にも修飾することが出来る「名詞」が在りませんから、「待ちながら」と訳します。

　〜ing の品詞・用法の区別を再確認しましょう。

　　　　【註】wait for --- to〜　（cf. p. 328 **9** ）

6. 彼らが依然として そこに住んでいるのかどうか、彼は知りません。

　　　　【註】他動詞〜 if S + V〜（cf. p. 325 **6** ）

7. 彼女がジャークについて想い出せることと言えば、彼らが初めて出会った時に彼が着用していた奇妙な服（のこと）だけです。

〈なっとく！考え方〉

　he の前に that を補います。すると、"名詞 + that + S + V" の形です。

　〈that 節〉には wear の〈目的語〉が在りませんから、補った that は〈関係代名詞・目的格〉です。

　　　　【註】(1)　All + S + V〜 is --- / to〜〜.　（cf. p. 322 **1** ）

　　　　　　(2)　meet には、「に会う」の他に、「と初めて会う／と知り合いになる」の意味が在ります。

　　　　　　　　（cf. I'm glad to meet you. ／ Nice to meet you.）

8. 彼らは、それを見ることが出来る（or, 彼らには、それが見える）のかしら、と彼は思いました。

　　　　【註】wonder if S + V（cf. p. 326 **6** (c) の【註】(2)）

9. 彼らがしたことと言えば、彼と会話を始めることだけでした。

　　　　【註】(1)　All + S + V〜 is --- / to〜〜.　（cf. p. 323 **1** ）

　　　　　　(2)　to start は、be 動詞の直後に使われていますから〈補語〉で、〈名詞的用法〉です。

　　　　　　　　　　　　　　　　（cf. p. 111 **1** (3)）

10. 彼女は、彼女に会いに やって来た近隣の人々と噂話を交しながら、

ベッドに寝た（横になった）状態で自分の時間を過ごしました。

【註】"in bed"（cf. p. 329 **10** (3)），",～ing"（cf. p. 75 **2** , p. 80 **1**(6))，"come to 動詞～"（cf. p. 324 **3** (2) の ①）に注意しましょう。

11. 彼女の父親は、独立のために戦いながら、服役中に死にました。

【註】in prison （cf. p. 329 **10** (3)），fighting（cf. p. 75 **2** , p. 80 **1**(6)）に注意しましょう。

12. 彼は、森の中で狩りをすることに自分の余暇を費やしました。

【註】(1) spend （cf. p. 327 **8** の (2)）

(2) hunt は「自動詞」です。

13. 貴方の御蔭で、歴史を勉強することの大切さを理解するようになりました。

【註】(1) thanks to ---　　「--- の御蔭で」

(2) come to～（cf. p. 324 **3** (2) の ②）

(3) studying は、「前置詞」（＝ of）の直後に使われていますから〈目的語〉で「動名詞」です。

14. 私に出来ることと言えば、彼が目覚めるのを待つことだけでした。

【註】(1) All ＋ S ＋ V～ is --- / to～～．（cf. p. 322 **1** ）

(2) to wait は、〈補語〉で〈名詞的用法〉です。

（cf. p. 111 **1**(3)）

15. 昨日、私は、子供たちの世話をすることで忙しかった。だから、仕事を休んだのです。

【註】(1) busy （cf. p. 323 **2** の (2)）

(2) That's why S ＋ V ... .（cf. p. 275 **4** (b)）

応用編

333

64 総纏めの練習問題

和訳しましょう。

1. She knows how to enjoy life.

2. I have never seen Jerk laugh.

3. It is you I want to play the role.

4. He knew which horse would win.

5. It was then he noticed the couple.

6. I still have the note she left to me.

7. The place was easy enough to find.

8. He didn't know what they wanted.

9. She said so looking at him intensely.

10. Anything he touched turned into gold.

11. He really understands what service is.

12. It was too early for the shop to be open.

13. He felt the world spinning out of order.

14. I came to realise how much I loved you.

15. She would not have written such a letter.

16. I didn't believe you would come to see me.

17. She must have been about thirty years old.

18. Sometimes he wouldn't talk to us for weeks.

19. The only trees he cut were dead or diseased.

20. I needed some friends to play the game with.

21. At first he thought it must be a part of dream.

22. Some people walking by turned to look at them.

23. I found my head nodding. I must have dozed off.

24. I heard the stalks crunch as he severed six blooms.

25. All the property you mentioned now belongs to me.

26. It is my father that helped me with my homework.

27. We can't bear to see him suffer like that any more.

28. I sat for a few minutes trying to calm myself down.

29. Jerk is the second most foolish to Idiot in my school.

30. She thought it must be connected with his research.

31. She finally found what her husband was doing there.

32. I could never have been happy with anyone but Loose.

33. They said he had agreed to be buried as a Protestant.

34. They said they wouldn't let him marry their daughter.

35. They looked like puppets controlled by invisible strings.

36. My brother helped his friend to sell fruits when needed.

37. Time had passed so quickly it was already dark outside.

38. I have once heard her tell him to die as soon as he could.

39. My own reasons for not marrying are different from hers.

40. I have worked as a gardener in the farm for twenty years.

41. Their life would have continued if his father had not died.

42. He suspected Mike had stolen it but he could not prove it.

43. He glanced quickly at the walls, searching for the picture.

44. I had to go down the dark stairs by hanging on to the wall.

45. It could not be Mariko. She would have been more direct.

46. I am always grateful to you for what you have done for me.

47. This may be rather strange to you, but it is what happened.

48. I decided not to spoil the image of the castle by going closer.

49. We couldn't spend the rest of our lives, grieving over our son.

50. I helped your mother to walk when nobody else would do so.

51. Very easy as it was to jump over the river, my brother failed.

52. I told her it would be difficult for me to come to see her again.

53. We spent next two hours, desperately searching for each other.

54. There were rumours he was becoming more and more strange.

55. It was not long after the accident with the car his father died.

56. To exchange the coins for notes, he walked into the nearest bank.

57. It will be easier for me to disappear from here than from Tokyo.

58. It took him a few seconds to recognise the tall figure inside the door.

59. It was at the pub he got to know the people who helped him later.

60. I was moving on so well I decided to stop for a walk along the shore.

61. His hands made me shiver when I remembered what they had done.

62. Her house was too small and too remote to receive so many people.

63. He thought it was his parents' duty to leave him the family fortune.

64. His head was spinning with excitement and the whisky he had drunk.

65. I felt my good spirits returning, enjoying the very rare Scotch whisky.

66. If he put his ear on the trunk of a tree, he could hear it talking to him.

67. Every morning I stretch out my hand, hoping to feel her lying next to me.

68. I could hear a stone head rolling behind me and it approaching me.

69. He sat down in a smoky coffee shop to wait for the pub to open at eleven.

70. He passed from guest to guest discreetly offering them drinks from the tray.

71. As soon as I entered the house, I mounted the stairs, following her instruction.

72. "Thank you Jerk," said Loose, feeling his importance growing by the minute.

73. I am going to invite him for coffee to explain what really happened to me.

74. He realised he was sweating with excitement and with fear they might wake up.

75. As he ordered steak, the couple entered the restaurant and sat down at the next table.

76. I gave him my address in the U. K. and asked him to pass it to anyone that needed it.

77. They did not notice Idiot sitting in the corner when they entered the restaurant.

78. The formerly very lovely rooms they lived in until two years ago now look neglected.

79. It is a lie the person I talked to yesterday in front of the station was English.

80. Sandals will make you relaxed and comfortable during flight and after having a bath.

81. She had a mild stroke, which left her speech slurred and the side of her face paralysed.

82. As I drove out of the village, a football rolled out in front of my car, closely followed by a boy.

83. Lewd insisted on going to the village to fetch the new year mail and to greet his mother.

84. It has been desired by your parents you mend your table manners as soon as possible.

85. My guess is he did not mention the phone message to her. He would

have been embarrassed.

86. It was mid-afternoon before we ate, but the food was so delicious it was worth the wait.

87. My mother often gets angry at very trivial things. But my father would not do such a thing.

88. I don't know how he has put up with her for such a long time. If it were me, I would strangle her.

89. It is not an English-Japanese dictionary but a Japanese-English one I need now.

90. Her natural elegance sharply contrasted with the greedy behaviour of those she was serving.

91. He saw two empty littre bottles lying between Jerk and Loose, and knew they wouldn't wake up easily.

92. If I had studied English harder when I was a student, I could communicate with foreigners by myself.

93. It is a good idea to get familiar with the shops to buy food and other things in around the hotel where you will stay.

94. When we were college students, we would sit for hours in the creaking chairs, exchanging jokes and college gossip.

95. We helped authors to find publishers for their work and gave them advice on contract and other publishing matters.

96. My father comes home very late every day because he has been busy with his work. I wish he could come home earlier.

97. I advise you to buy a One Day Travelcard, with which you can take all the underground trains throughout the day you buy the card.

98. Kobayashi told the police he had wanted to become a policeman ever since he was a child and that he had bought his costume via mail order.

99. It entirely depends on you whether you walk to A Gallery and B Museum along Victoria Avenue and West Bridge, or go back to Tower Station to go to another sightseeing spot.

100. It is one of the teachers of English in my school who has taught me English since I entered a junior-high school that bought me the dictionary he found in a small town in England he went to last summer.

応用編

─── 〈 解説と解答 〉───

1. 彼女は、人生の楽しみ方を知っています。

　　　【註】how to enjoy （cf. p. 125 (2) - ①）

2. 私は、ジャークが笑うのを1度も見たことが有りません。

　　　【註】(1) have never seen （cf. p. 169 **1** ）

　　　　　 (2) seen Jerk laugh （cf. p. 149 **1 - (1)** ）

3. 私が その役を演じて貰いたいのは、あなたです。

　　　【註】(1) I の直前に that を補って読みます。

　　　　　　　　　　　　　　　　（cf. pp. 228 **2** , 228 (a)）

　　　　　 (2) 本来の形は、I want you to play the role.

　　　　　　　　　　　　　　　　（cf. p.154 **1 - (3)** ）

4. 彼は、どの馬が勝つかを知っていました。

　　　【註】which は「疑問詞」です。（cf. p. 276）

5. 彼が その2人連れに気付いたのは、その時でした。

　　　【註】I の直前に that を補って読みます。

　　　　　　　　　　　　　　　　（cf. pp. 228 **2** , 229 (b)）

6. 私は、今でも、彼女が私に残していったメモ書き（or, メモ書きし

た紙片）を持っています。

【註】she の直前に that を補って読みます。

(cf. pp. 238 **2** , 251 (8) の ①)

7. その場所は、見付けることが出来るほど 充分簡単でした。

(cf. p. 218)

8. 彼は、彼らが望んでいること （or, 望んでいるもの）を知りません
でした。

【註】(1) what they wanted （cf. p. 284 **4** (1) の (a)）

(2) 「述語動詞」の時制 （=didn't） と 〈目的語節〉 の
「動詞」の時制 （=wanted） が同じです。

(cf. p. 248 (c))

9. 彼女は、激しく彼を見ながら、そう言いました。

【註】looking （cf. p. 76 **2** , 80 **1**(6)）

10. 彼が触れる物は何でも、金(きん)に変わりました。

【註】he の直前に that を補って読みます。

(cf. pp. 238 **2 目的格** , 251 (8) の ①)

11. 彼は、人に仕えることが何であるかということを本当に理解して
います。

【註】what service is （cf. p. 285 **4** (1) の (b)）

12. その店が開店しているには早過ぎる時間でした。

【註】(1) It was early （cf. p. 318 **6** ）

(2) too early to be （cf. p. 215）

(3) for --- to〜 「--- が〜すること／〜するための／〜
するために（は）」

13. 彼は、世界が秩序 （or, 制御）を失って ぐるぐると 廻っているの
を感じました。

【註】(1) felt the world spinning （cf. p. 151 **2−(3)** ）

340

　　　　　　(2) out out of order「制御を失って」

14. 私は、自分が どれだけ（沢山）貴方のことを愛しているか、とい
　　うことに気付くようになりました。

　　　　【註】(1) came to realise （cf. p. 324 **3** (2) の②）

　　　　　　(2) how much I loved you （cf. p. 289 **2** ）

　　　　　　(3)「述語動詞」の時制（＝came）と〈目的語節〉の
　　　　　　　「動詞」の時制（＝loved）が同じです。

　　　　　　　　　　　　　　　　　　　　　　　　（cf. p. 248 (c)）

15. 彼女だったならば、そのような手紙を書かなかったでしょうに。

　　　　【註】would not have written （cf. p. 193 **2**）

16. 私は、あなたが私に会いに来てくれるだろうということを信じま
　　せんでした。

　　　　【註】(1) you の直前に that を補って読みます。

　　　　　　　　　　　　　　　　　（cf. pp. 245 **2**, 251 (5)）

　　　　　　(2) didn't と would は時制が同じです。（cf. p. 248 (c)）

　　　　　　(3) come to see （cf. p. 325 **3** (2) の①）

17. 彼女は、30 歳くらいだったに違い有りません。

　　　　【註】must have been （cf. p. 131 **5** ）

18. 時々 彼は、何週間もの間 私たちに話し掛けようとしませんでし
　　た。

　　　　【註】wouldn't （cf. p. 197 **1** (4)）

19. 彼が切った唯一の木は、死んだものか病気に罹(かか)っているものでし
　　た。

　　　　【註】(1) he の直前に that を補って読みます。

　　　　　　　　　　　　（cf. pp. 238 **2** 目的格 , 251 (8) の①）

　　　　　　(2) cut には 〈三単現の s〉 が付いていませんから、
　　　　　　　cut は〈過去形〉です。（cf. p. 29《三単現の s》）

341

20. 私には、ゲームを一緒にするための数人の友達が必要でした。

【註】to play the game with　（cf. p. 111 **2**）

21. 初めの内、彼は、それは夢の一部に違い無いと思いました。

【註】(1) at first「初めの内（は）」

（cf. first of all　「先ず／手始めに／最初に」

for the first time　「初めて」）

(2) it の直前に that を補って読みます。

（cf. pp. 245 **2** , 251 (5)）

(3) must　（cf. p. 130 **2** ）

22. 傍を歩いている何人かの人々が、彼らを見るために振り向きました。

【註】(1) walking　（cf. p. 75 **1** (2)）

(2) by は、対応する〈目的語〉が在りませんから、「前置詞」ではなくて「副詞」です（＝「傍を」）。

（cf. 前置詞＝「の傍を」）

(3) turn には、「自動詞」（＝「振り向く」）と「他動詞」（＝「を廻す」）の働きが在ります。

turn が「自動詞」なら、直後の "to 不定詞" は〈副詞的用法 ②〉、「他動詞」ならば、"to 不定詞" は〈目的語〉で〈名詞的用法〉です。

23. 私は、自分の頭が こっくりこっくりとしているのに気付きました。私は、居眠りし（てい）たに違い有りません。

【註】(1) found my head nodding　（cf. p. 160 **2** ）

(2) must have dozed　（cf. p. 131 **5** ）

24. 彼が6本の花を切り取った時、私は、（花の）茎がザクリという音を立てるのを耳にしました（or, 聞きました）。

【註】(1) heard the stalks crunch　（cf. p. 149 **1－(2)** ）

(2) as（cf. p. 298 **2** (1)）

25. あなたが述べた財産は総て、今は私に属しています(私の物です)。

【註】(1) you の直前に that を補って読みます。

(cf. pp. 238 **2 目的格**, 251 (8) の ①)

(2) now は〈現在〉のことを表しますから、掛かって

行く「動詞」は belongs（＝現在形）です。

26. 私の宿題を手伝ってくれたのは父です。

【註】(1) It is my father that helped ...

(cf. pp. 228 **3** , 232 (e), 251 (3)の ⑤)

(2) helped A with --- 「A の --- を手助けする」

27. 私たちは、彼が あのように 苦しむのを見ることに これ以上 耐え

ることが出来ません。

【註】(1) to see (cf. p. 111 **1**の (2))

(2) see him suffer (cf. p. 149 **1 － (1)**)

(3) not ～ any more「これ以上 ～（し）ない」

28. 私は、（自分の）心（or, 気持ち）を落ち着かせようとしながら、

数分間、坐りました。

【註】(1) trying (cf. p. 75 **2**)

(2) to calm (cf. p. 111 **1**の (2))

(3) calm oneself down 「心（or, 気持ち）を落ち着か

せる」

29. ジャークは、私の学校で、イディオットに次いで2番目にバカで

す。 (cf. p.210 **3** の 4.)

30. それは、彼の研究に関係が有るに違い無い、と彼女は思いました。

【註】(1) it の直前に that を補って読みます。

(cf. pp. 245 **2**, 251 (5))

(2) must (cf. p. 130 **2**)

343

31. 彼女は、終_{つい}に、自分の夫が そこで 何を しているのか（or, してい ること）を 知りました（or, 発見しました）。

　　【註】（1）what her husband was doing

　　　　　　　　　　　　　　　　　　（cf. p. 284　4　(1) の (a)）

　　　　（2）found と was doing は時制が同じです。

　　　　　　　　　　　　　　　　　　　　　　　　（cf. p. 248 (c)）

32. 私は、ルース以外の誰と 一緒で あっても、決して 幸せには なれな かったでしょうに。

　　【註】（1）could have been（cf. p. 193　2　）

　　　　（2）but ＝ except

33. 彼は、プロテスタントとして 埋葬される ことに 同意しました、と 彼らは 言いました。

　　【註】（1）he の直前に that を補って読みます。

　　　　　　　　　　　　　　　　（cf. pp. 245　2　, 251 (5)）

　　　　（2）said と had agreed の時制が異なります。

　　　　　　　　　　　　　　　　　　　　　　　　（cf. p. 249 (d)）

　　　　（3）as（cf. p. 297　1　）

34. 彼に 自分たちの娘と 結婚させる つもりは ない、と 彼らは 言いまし た。

　　【註】（1）they の直前に that を補って読みます。

　　　　　　　　　　　　　　　　（cf. pp. 245　2　, 251 (5)）

　　　　（2）wouldn't（cf. pp. 127　3　, 197　1　の (2)）

　　　　（3）let him marry their daughter（cf. p. 148　2　）

　　　　（4）said と would は時制が同じです。（cf. p. 248 (c)）

35. 彼らは、目に見えない紐によって 操られている 操り人形のように 見えました。

　　【註】（1）look like ＋名詞 --- 「--- のように見える」

344

（cf. look ＋形容詞 —— 「 —— のように見える」）

(2) controlled（cf. p. 89 **1** ）

36. 私の弟は、必要とされた時、友達が果物を売るのを手伝いました。

【註】(1) helped his friend to sell（cf. p. 158 **6** ）

(2) when needed ＝ when he was needed

37. 時間は非常に早く過ぎてしまっていたので、既に外は暗かった。

【註】(1) had passed（cf. p. 176 **4** ）

(2) it の直前に that を補って読みます。

（cf. pp. 219, 250 (1)）

(3) it was ... dark（cf. p. 320 **11** ）

38. 私は1度、彼女が彼に、出来るだけ早く死ね、と言うのを耳にしました。

【註】(1) have once heard（cf. p. 169 **1** ）

(2) heard her tell（cf. p. 149 **1 − (2)** ）

(3) tell him to die（cf. p. 153 **1 − (2)** ）

(4) as soon as he could（cf. p. 203 **1** の 4. ）

39. 結婚しないことに対する私自身の理由は、彼女の理由とは異なっています。

【註】(1) for (not) marrying（cf. p. 71 **2** ）

(2) not marrying

（cf. p. 86 の 15. の〈なっとく！考え方〉(1)）

40. 私は、20年間（ずっと）、その農場で庭師として働いています。

【註】(1) have worked ... for twenty years（cf. p. 170 **2** ）

(2) as（cf. p. 297 **1** ）

41. もしも彼のお父さんが死ななかったならば、彼らの生活は続いていたでしょうに。（cf. p. 191 **2** ）

応用編

345

42. 彼は、マイクが それを盗んだと疑いましたが、それを証明することは出来ませんでした。

【註】（1）Mike の直前に that を補って読みます。

(cf. pp. 245 **2**, 251 (5))

（2）suspected と had stolen の時制が異なります。

(cf. p. 249 (d))

（3）but は He ... it と he could ... it とを結んでいます。
もしも、Mike ... it　but　he ... it ならば、but の直後には that が置かれてなければいけませんよね。

(cf. pp. 53～54)

43. 彼は、その絵を探しながら、壁を素早くチラッと見ました。

【註】, searching　(cf. pp.76 **2** (2), 80 **1** (6))

44. 私は、壁にしがみつくことによって、暗い階段を降りて行かなくてはなりませんでした。

【註】（1）had to（cf. p. 131 **4** の【註】(1)(4)）

（2）by hanging（cf. p. 71 **2**）

（3）hang on to ---「--- に しがみつく」

45. それは、マリコの はずは 有りませんでした。彼女だったならば、もっと直截的（or, 単刀直入）だったでしょうに。

【註】（1）could not be（⇒ cannot）（cf. p.133 **2**）

（2）would have been（cf. p. 193 **2**）

（3）more direct（cf. p. 205 **2** の (4)）

46. 私は、あなたが私のために してきてくれたことに対して、いつも感謝しています。

【註】（1）be grateful to A for ---「--- のことで A に感謝している」

（2）what（cf. p. 284 **4** (1) の (a)）

47. これは、あなたにとっては かなり奇妙なことであるかもしれませんが、それが起こったことなのです。

【註】(1) rather + 形容詞／副詞――　「かなり――」

(2) what happened （cf. p. 287 **4** (5) の (a)）

48. 私は、もっと近付くことによって その城の印象を損なうことはしないようにしよう、と決めました。

【註】(1) decided not to spoil （cf. p. 116 **3** (2)）

(2) by going （cf. p. 71 **2** ）

(3) closer （cf. p. 205 **2** の (4)）

49. 私たちは、息子のことで嘆き悲しみながら余生を費やすことは出来ませんでした。

【註】, grieving … （cf. p. 76 **2** (2)）

50. 私は、他の誰もが そうするつもりが無かった時、あなたの お母さんが歩く手助けをしました。

【註】(1) helped your mother to walk （cf. p. 158 **6** ）

(2) would （cf. p. 127 **3** ）

51. その川を飛び越えることは とても簡単だったけれども、私の弟は失敗しました。

【註】(1) easy as it was （cf. p. 299 **2** (6)）

(2) Very easy ... the river：

元の形は、It was very easy to jump over the river. （cf. pp. 223 **4** , 227 (f)）

52. 私は彼女に、再び彼女に会いに来ることは、私に とって難しいでしょう、と言いました。

【註】(1) it の直前に that を補って読みます。

（cf. pp. 245 **2**, 251 (5)）

347

(2) it would be difficult for me to come

(cf. pp. 223 **4** , 227 (f))

(3) would (cf. p. 127 **3**)

53. 私たちは、必死の思いで互いのことを探しながら次の2時間を費やしました。

【註】, desperately searching ...　(cf. p. 76 **2** (2))

54. 彼は、ますます変（人）になりつつある、という噂が在りました。

【註】(1) he の直前に that を補って読みます。

(cf. pp. 246 **4** , 251 (8) ②)

(2) more and more ＋ 形容詞 ―　(cf. p. 208 **2** 10.)

55. 彼のお父さんが死んだのは、車との事故の後 間も無くのことでした。

【註】(1) his father の直前に that を補って読みます。

(cf. pp. 228 **2** , 229 (b), 250 (3) の②)

(2) not long before --- 「--- の後 間も無く」

56. 　硬貨を紙幣に交換するために、彼は、直近の銀行（の中）に歩いて入って行った。

【註】(1) To exchange (cf. p. 114 **4**, 120 の 3.)

(2) nearest (cf. p. 209 **3** の(4))

57. 私にとっては、東京から姿を消すよりも ここから姿を消すことの方が、より簡単でしょう。

【註】(1) It will be easier for me to disappear

(cf. pp. 223 **4** , 227 (f))

(2) easier (cf. p. 205 **2** の(4))

58. 彼が、ドアの内側の背の高い人物を認識するのに数秒 掛かりました。

348

【註】It took him a few seconds to recognise（cf. p. 319 **8** ）

59. 彼が、後に彼を助けてくれる人々を知るようになったのは、その
パブ（で）でした。

【註】(1) he の直前に that を補って読みます。

(cf. pp. 228 **2** , 230 (c)）

(2) get to～ （cf. 324 **3** (2) ② の cf.）

(3) the people who helped （cf. p. 233 **1** の (1) (2)）

60. 私は、非常に順調に進んでいたので、海岸に沿って歩くために車
を止めることにしました。

【註】(1) I (decided) の直前に that を補って読みます。

(cf. pp. 219～220)

(2) to stop （cf. p. 111 **1**の (2)）

61. 彼の両手が したことを思い出した時、それらは私を身震いさせま
した。

【註】(1) made me shiver （cf. p. 147 **1** ）

(2) what they had done （cf. p. 284 **4** (1) の (a)）

(3) remembered と had done の時制が異なます。

(cf. p. 249 (d)）

62. 彼女の家は、 小さ過ぎたし遠過ぎたので、そんなに沢山の人々を
受け入れることは出来ませんでした。

or, 彼女の家は、そんなに沢山の人々を受け入れるには、小さ過ぎ
たし、遠過ぎました。

【註】(1)《" too ―― to～" 構文》 （cf. p. 215)

(2) too small and too remote （cf. pp. 50～52)

63. 彼に家族の財産を残すことは彼の両親の義務だ、と彼は思いまし
た。

【註】(1) it の直前に that を補って読みます。

応用編

349

(cf. pp. 245 **2** , 251 (5))

(2) it was her duty to leave ... (cf. pp. 223 **4** , 227 (e))

(3) thought と was は時制が同じです。(cf. p. 248 (c))

64. 彼の頭は、興奮と、彼が呑んでしまっていたウィスキーとで、ぐるぐる廻っていました。

【註】(1) with excitement and the whisky ... drunk

(cf. pp. 50～52)

(2) he の直前に that を補って読みます。

(cf. pp. 238 **2** 目的格 (2)(3)(4), 251 (8)の ①)

(3) he had drunk (cf. p. 176 **4**)

65. 私は、とても珍しいスコッチ・ウィスキーを楽しみながら、元気が戻って来ているのを感じました。

【註】(1) felt my good spirits returning (cf. p. 151 **2－(3)**)

(2) , enjoying (cf. p. 76 **2** (2))

66. もし彼が耳を木の幹に押し当てる（or, 置く）ならば、彼は、それが彼に話し掛けているのを耳にする（or, 聞く）ことが出来るでしょうに。

【註】(1) If he put ... , he could hear ... . (cf. p. 190 **1**)

(2) hear it talking (cf. p. 150 **2－(2)**)

67. 毎朝、私は、彼女が私の隣に寝て（横になって）いることを感じることを期待しながら手を伸ばすのです。

【註】(1) , hoping (cf. p. 76 **2** (2))

(2) to feel (cf. p. 111 **1**の (2))

(3) feel her lying (cf. p. 151 **2－(3)**)

68. 私は、石（造り）の頭が私の後ろを転がっているのを、そして、それが私に近付いて来ているのを耳にすることが出来ました。

【註】(1) hear a stone head rolling (cf. p. 150 **2－(2)**)

(2) a stone head rolling ... and it coming ...

(cf. pp. 50~52)

69. 彼は、パブが11時に開店するのを待つために、煙が立ち込める
コーヒー店で腰を下ろしました。

　【註】wait for the pub to open（cf. p.328 ⑨ ）

70. 彼は、お盆から飲み物を慎重に客に差し出し（提供し）ながら、
客から客へと移動しました。

　【註】(1) offering の直前は「副詞」、直後は〈目的語〉です
から、offering は、同じ文の動詞（相当語句）に掛
かっていく「～しながら」の訳し方です。

(cf. p. 76 ② (2))

　　　(2) discreetly は、passed ではなくて offering に掛かっ
ていきます。その理由を説明しましょう。

　　　　「副詞は、文頭・文中・文末のどこに置いても構
わない」と習った方が多いと思います。確かに、或
る場合には、それは正しいのです。

　　　　例えば、I went to the library with my brother. とい
う文の中に yesterday を置く場合、文頭（Yersterday
I ... .)・文中（I yesterday went ... . / I went yesterday
... .)・文末（I ... brother　yesterday.）のどこに置い
ても構いません。なぜなら、yesterday（＝副詞）
が掛かっていける語は went しか無いからです。

　　　　ところが、問題文中の discreetly（＝副詞）が掛
かっていける語は、passed と offering の2つが在り
ます。このような場合、掛かっていく語の直近（＝
直前か直後）に置くのが一般的なのです。

71. 私は、家に入ると直ぐに、彼女の指示に従いながら階段を昇りま

した。

【註】(1) as soon as （cf. p. 56）

(2) , following （cf. p. 76 **2** (2)）

72.「有り難う、ジャーク」とルースは、彼の重要性が刻一刻と大きくなっていくのを感じながら言いました。

【註】(1) , feeling （cf. p. 76 **2** (2)）

(2) feeling his importance growing （cf. p. 151 **2 - (3)**）

(3) by the minute 「刻一刻と」

73. 私は、実際に私に何が起こったのか（or, 私に実際に起こったこと）を説明するために、彼をコーヒーに誘うつもりです。

【註】(1) am going to invite （cf. p. 128 **4**）

(2) what happened （cf. p. 287 **4** の (5) の (b)）

74. 彼は、興奮と、彼らが目を覚ますかもしれないという惧_{おそ}れとで自分が汗を かいている、ということに気付きました。

【註】(1) he（was）の直前に that を補って読みます。

（cf. pp. 245 **2** , 251 (5)）

(2) with excitement and with fear ... wake up

（cf. pp. 50～52）

(3) they の直前に that を補って読みます。

（cf. pp. 246 **4**, 251 (8) の ②）

(4) realised と was sweating・might は時制が同じです。 （cf. p. 248 (c)）

75. 彼がステーキを注文した時、その2人連れがレストランに入って来て、隣のテーブルに腰を下ろしました。

【註】(1) "as 節" には、足りない要素は在りません。

（cf. p.298 **2** の (1)）

(2) entered ... and sat（cf. pp. 50 ~ 52）

76.　私は彼に私の英国の住所を渡し、それを必要とする人には誰にで
　　も それを渡して下さいと頼みました。

　　　　【註】(1) asked him to pass（cf. p. 153 1 –(1) ）

　　　　　　(2) gave ... and asked ...（cf. pp. 50 ~ 52）

　　　　　　(3) anyone that needed（cf. p. 233 1 (2)）

77.　彼らは、レストランに入った時、イディオットが隣に坐っている
　　のに気付きませんでした。

　　　　【註】notice Idiot sitting：

　　　　　　　　notice（＝に気付く），overhear（＝を立ち聞きす
　　　　　　　　る／をふと耳にする），watch（＝を凝（熟）視する
　　　　　　　　／を観察する）等も「知覚動詞」です。

　　　　　　　　　　　　　　　　　　　　　　（cf. p. 149 ~ 152）

78.　彼らが２年前まで住んでいた 嘗（かつ）ては とても素敵だった その部屋
　　は、今や荒れ放題のように（or, 手入れをされていないように）見え
　　ます。

　　　　【註】(1) they の直前に that を補って読みます。

　　　　　　　　（cf. pp. 238 2 目的格(2) (3) (4), 251(8) の ①）

　　　　　　(2) look neglected（cf. 35. の【註】(1) (p.345)）

79.　私が昨日 駅の前で話し掛けた人物はイギリス人だった、というこ
　　とは嘘です。

　　　　【註】(1) the person の直前に that を補って読みます。

　　　　　　　　　　（cf. pp. 223 (a), 251 (3) の ⑥ ）

　　　　　　(2) I の直前に that を補って読みます。

　　　　　　　　（cf. pp. 238 2 目的格(2) (3) (4), 251(8)の ①）

80.　サンダルは、飛行機に乗っている間や入浴した後、あなたを寛（くつろ）い
　　だ、快適な気持ち（or, 状態）にするでしょう。

応用編

353

【註】（1）make you relaxed （cf. p. 163 **7** ）

（2）relaxed and comfortable （cf. pp. 50 ~ 52）

（3）during flight and after having a bath

（cf. pp. 50 ~ 52）

81. 彼女は軽い脳卒中に襲われました。そして、それが彼女の言葉（or, 発音）を不明瞭なものにし、彼女の顔の半面を麻痺した状態にしました。

【註】（1）, which left … （cf. p. 237 **1** 主格 の (e)）

（2）left her speech slurred （cf. p. 162 **6** ）

（3）her speech slurred and the side of her face paralysed （cf. pp. 50 ~ 52）

82. 私が車で その村から出た時、サッカーボールが1個、私の前に転がり出て来て、その直ぐ後に、少年が続いて（出て）来ました。

【註】（1）"as 節" には、足りない要素は在りません。

（cf. p.298 **2** の (1)）

（2）S + V, followed by --- . 「S + V、そして、それに続いて／その次に --- が来る／起こる」

83. ルードゥは、新年の郵便物を取って来るためと、自分の母親に挨拶をしてくるために、村に行くことを主張しました。

【註】（1）insist on --- /～ing 「--- を／～することを 強く主張する ／ 要求する」

（2）to fetch ... and to greet ... （cf. pp. 50 ~ 52）

84. あなたが 食事作法を出来るだけ早く直す（という）ことが、あなたの両親によって望まれています。

【註】（1）has been （cf. p. 170 **2** ）

（2）been desired （cf. p. 93）

354

（3）you の直前に that を補って読みます。

(cf. pp. 225 (c), 250 (3) の ③)

（4）as soon as possible（cf. p. 203 **1** の 4.）

85. 私の推測は、彼は電話に残された伝言のことを彼女に話さなかったということです。（もし話していたならば）彼は当惑していたでしょうに。

【註】（1）he の直前に that を補って読みます

(cf. pp. 246 **3**, 251 (6))

（2）would have been（cf. p. 193 **2**）

86. 私たちが食事をする前に、午後の半ばになっていました（⇒ 私たちが食事を摂ったのは、午後も半ばを過ぎてからでした）。しかし、食事は非常に美味しかったので、待つ価値が有りました。

【註】（1）It was mid-afternoon（cf. p. 318 **6**）

（2）it（was worth）の直前に that を補って読みます。

(cf. pp. 219～220)

87. 母は屢々、とても些細なことに腹を立てます。しかし、父なら、そんなことはしないでしょうに。

【註】（1）my father would not do（cf. p. 193 **2**）

（2）such a thing 「そのようなこと」

88. 私は、彼がどんなふうにして、そんなにも長い間 彼女のことを我慢して来ているのか知りません。もし、それが私ならば、私は彼女を絞め殺すでしょうに。

【註】（1）how（cf. p. 290 **3**）

（2）has put ... for a long time（cf. p. 170 **2**）

（3）If it were me, I would ... .（cf. p. 190 **1**）

89. 私が今 必要としているのは、英和辞典ではなくて和英辞典なのです。

355

【註】(1) I の直前に that を補って読みます。(cf. p. 228 (a))

(2) not A but B 　「A ではなくて B」

(3) one = dictionary

90. 彼女の自然な優雅さは、彼女が仕えている（or, 奉仕している）人々の強欲さとは際立った対照を なしていました。

【註】"those (whom) S + V〜"「S が 〜 する人々」

(cf. those who + V〜 　「〜する人々」)

91. 彼は、2 本の空になったリットル瓶（びん）がジャークとルースの間に転（ころ）がっているのを目にして、彼らは簡単には目を覚まさないだろう、ということを知りました。

【註】(1) saw two empty littre bottles lying

(cf. p. 150 **2 - (1)**)

(2) between A and B 「A と B の間に」

(3) saw ... and knew ... （cf. pp. 50〜52）

(4) they の直前に that を補って読みます。

(cf. pp. 245 **2**, 251 (5))

(5) saw と wouldn't は時制が同じです。(cf. p. 248 (c))

92. もしも、学生時代に もっと一所懸命 英語を勉強していたなら、独力で外国人と遣り取りが出来るのになぁ。

【註】(1) If I had studied … , I could communicate …

(cf. p. 194 **5**)

(2) harder （cf. p. 205 **2** の(4)）

93. あなたが泊まるホテルの周辺に在る、食べ物や他の品物を買うための店に精通しておく（or, 店を見付けておく）ことは良い考えです。

【註】(1) It is a good idea to get ... （cf. pp. 223 **4** , 227 (e)）

(2) shops to buy ... in （cf. pp. 111〜113 **2**）

(3) the hotel where you will stay （cf. p. 273 **3** ）

356

94. 大学生だった時、私たちは、冗談や大学内の噂話を交換しなが
ら、キーキーと音を立てている椅子に何時間も坐っていたものでし
た。

【註】 (1) would（cf. p. 197 **1** (3)）

(2) for hours 「何時間にも亙って／何時間もの間」

(cf. for days, for years)

(3) creaking（cf. pp. 74 **1** , 80 **1**(4)）

(4) , exchanging ...（cf. p. 76 **2** (2)）

95. 私たちは、著者たちが彼らの作品のための（or, 作品を出版してく
れる）出版社を探す手伝いをしたり、契約や他の出版に関する事柄
に関する助言を彼らに与えたりしました。

【註】 (1) helped authors to find（cf. p. 158 **6** ）

(2) helped ... and gave ...（cf. pp. 50 ~ 52）

(3) contract and other publishing matter

(cf. pp. 50 ~ 52)

96. 父は、仕事が忙しくて、毎日、帰宅が とても遅いのです。もっと
早く帰宅できればいいのになあ。

【註】 (1) because の直前に「 , 」が在りませんよ。

(cf. p. 56)

(2) busy with（cf. p. 323 **2** (1)）

(3) I wish he could come（cf. p. 193 **3**）

(4) earlier （cf. p. 205 **2** の (4)）

97. 私はあなたに、（あなたが）「1日乗車券」を買うことを助言しま
す。それが有れば（or, それを持っていれば）、あなたは、（あなたが）
その乗車券を買った日の一日中、総ての地下鉄の電車に乗ることが
出来るからです（or, 出来るのです）。

【註】 (1) advise A to~ 「A に ~ することを助言する」

357

(2) , with which （cf. pp. 240 **2** の (c), 276）

(3) throughout the day 「その日 一日中」

（＝ all through the day）

(4) you (buy) の直前に when を補って読みます。

（cf. p. 272 **2** ）

98. 小林は警察に対して、自分は小さい時から警察官になりたいと
思っていた、そして、通信販売で自分の衣服を買った、と言いまし
た。

【註】(1) he (had wanted) の直前に that を補って読みます。

（cf. pp. 245 **2**, 251 (5)）

(2) had wanted ... ever since he was ... （cf. p. 170 **2** ）

(3) and that he had bought （cf. p. 53 (b)）

(4) told と had wanted and had bought の時制が異なり
ます。 （cf. p. 249 (d)）

99. ビクトリア通りとウエスト橋を通ってＡ美術館とＢ博物館に行く
か、それとも、別の観光地（場所）に行くためにタワー駅に戻るか
どうかは、全く あなた次第です。

【註】(1) It depends on you whether：

whether を that に置き換えると、"It ... that S
＋ V." の形で、... に「自動詞」が使われている
ので、《形式主語構文》であるということが判
ります。（cf. p. 226 (d)）

(2) whether：

〈名詞節〉（＝〈主語〉か〈目的語〉か〈補語〉
の働きをする）を導く if は、"if ＋ S ＋ V" の
形で使われる （cf. p. 325 **6** ） のに対して、
whether の場合は "whether S ＋ V or S' ＋ V'"、

或いは、"whether or not S + V" の形で使われます。

(3) A Gallery and B Museum（cf. pp. 50～52）

(4) along：

「に沿って」と訳されることが多いですが、「を通って」という訳し方も憶えておくといいでしょう。

(5) walk to ... or go back to ...（cf. pp. 50～52）

100. 去年の夏に（彼が）行ったイングランドの（or, に在る）或る小さな町で（彼が）見付けた辞書を私に買って来てくれたのは、私の学校の英語の先生の内で、私が中学に入学して以来　私に英語を教えてくれている（或る1人の）先生です。

【註】 (1) one of the teachers ... who has taught

(cf. p. 233 **1** の (1) (2) (4)）

(2) who has taught ... since I entered

(cf. p. 170 **2** ）

(3) It is one of the teachers ... that bought

(cf. pp. 228 **3** , 251 (3) の ⑤）

(4) he（found）の直前に that を補って読みます。

(cf. pp. 238 **2 目的格** (2) (3) (4), 251 (8) の ① ）

(5) he（went to）の直前に that を補って読みます。

(cf. pp. 238 **2 目的格** (2) (3) (4), 251 (8) の ① ）

359

索　引

〈A〉

a couple of ---	162
advise A to 〜	357
after	55
after school	65
--- ago, 仮定法 過去完了〜	196
a little ＋比較級	208
all over the world	94
allow A to 〜	156
All ＋ S ＋ V 〜 is --- .	322
all through the day	358
along	359
already	171
always	44
always と usually の違い	45
and	50
appear in court	329
as	297~301
as 原級 as A	202
as 原級 as〈主語〉can	203
as 原級 as possible	203
as if ＋仮定法 過去〜	193
as if ＋仮定法 過去完了〜	194
ask A for B	199
ask A not to 〜	154
ask A to 〜	153
as soon as	56
at first	342
at once	131

〈B〉

bad	211

be able to 〜	132
be absent from	275
be afraid of	253
because	56
become ＋形容詞	298
become ＋名詞	298
be covered with	95
be 動詞	19
「be 動詞」の和訳	19
be filled with	95
before	56, 168
be going to ＋名詞 ---	82
be going to 〜	128
be good at	85
be grateful to A for ---	346
be involved in	274
be known by	95
be known to ---	95
be late for	156
belong to ---	58
best	211
be surprised at	95
be 動詞 ＋（that）S ＋ V 〜	246, 251
better	211
between A and B	356
be used to ---	259
文	18
文の分け方	14
文の要素	33
分詞構文	103
≪分詞構文≫の特別な形	105~106
文章	18
busy in 〜 ing	323
busy with ---	323

361

but 50
but（＝ except） 344
But for ---，仮定法 過去〜 195
But for ---，仮定法 過去完了〜 195
by 130
by bicycle 111
by boat 252
by bus 111
by car 111
by far ＋最上級 210
by express（delivery） 145
by oneself 133
by plane 111
by registered post / mail 145
by taxi 111
by the minutes 352
by whom 102

〈C〉

call A B 160
calm oneself down 343
can 132
can't / cannot 133
can't（cannot）have 〜 ed 133
cause A to 〜 156
cf. 15
chance to 〜 113
come to 324
could 132, 190, 197

〈D〉

大原則 1 10
大原則 2 10
大原則 3 11
大原則 4 11

大原則 5 11
大原則 6 12
「代名詞」一覧表 34
「代名詞」の〈格〉 35
Did 〜 ？（＝ 疑問文） 59
didn't 〜 ？（＝ 否定文） 59
Do 〜？（＝ 疑問文） 59
Does 〜 ？（＝ 疑問文） 59
doesn't 〜（＝ 否定文） 59
don't 〜（＝ 否定文） 59
Don't 〜（＝ 命令文） 64
do --- 's best 165
動名詞 .... 70~73
「動名詞」と「現在分詞」の
　　見分け方 .... 80~81
動詞 19
動詞の直前に置けない品詞 90, 97
動詞・助動詞 を使う際の原則 11
動詞句 17
動詞の過去形 23, 87
動詞の〈形〉 23
doze off 335
draw 83

〈E〉

each other 253
encourage A to 〜 157
"― enough to 〜" 構文 218
er の訳し方 205
ever 169
ever since 170
expect A to 〜 157
expert in 198

〈F〉

fall into asleep	56
feel A 動詞の原形〜	149
feel A 現在分詞〜	151
feel A 過去分詞〜	152
find A B	160
find it 形容詞—(for A) to 〜	161
find it 形容詞— that S + V 〜	161
first of all	342
force A to 〜	157
for days	357
forget 〜 ing	119
forget to 〜	118
for hours	357
for + 時間／期間	170
for the first time	231
for --- to 〜	340
for weeks	334
for years	357
不可算名詞	27
不規則変化をする 動詞	88
不規則変化をする 形容詞・副詞	211
副詞	41
副詞を訳す順序	41~43
複数	28
「付帯状況」を表す with	105~106

〈G〉

原級	202
原級 er	205
原級 est	209
原級比較	202
現在分詞	74~77
現在完了	168

現在完了：経験用法	168
現在完了：継続用法	170
現在完了：完了用法	170
現在完了：結果用法	171
現在進行形	78
get acquainted with	266
get A to 〜	147
get involved in	331
get ＋形容詞	299
get married	165
get lost	116
get to --- / 〜	324
glance at	336
疑問符	18
疑問詞	46
「疑問詞」と「関係詞」の 見分け方	276
語	14
go abroad	187
good	211
go on a hike	105
go on a picnic	68
go on a trip	111
go to bed	330
go to church	330
go to hospital	330
go to prison	330
go to school	330
graduate from	178
grow ＋形容詞	299

〈H〉

had been to	180
had better	140
had better not	140
had gone to	181

索引

363

had to	131
hang on to	346
happen to ～	241
has to	131
have A 動詞の原形～	148
have A 過去分詞～	148
have been to	180
have gone to	181
have to	130
hear A 動詞の原形～	149
hear A 現在分詞～	150
hear A 過去分詞～	151
help A to ～	158
help A with	129
比較級	204
比較級 and 比較級	208
比較級比較	204
比較級 (than A)	205
比較級 + than any other + 単数名詞	207
頻度を表す副詞	44
日・曜日・週・月・季節・年 を表す場合の主語 It	320
〈補語〉の条件	30
how	46, 289~292
How far is it from A to B ?	317
How ＋形容詞／副詞― ＋ S ＋ V ～！	282
how long	170
how many times	169
how often	169
how to ～	125
副詞	41~43
hurry up	65

〈I〉

一人称 単数	28
If it had not been for ---, 仮定法 過去完了～	195
If it were not for ---, 仮定法 過 去～	195
If only S + V ～.	193
if 節で if を使わない《仮定法》	194
if 節のみで表す《仮定法》	192
ill in bed	238
in advance	125
in a loud voice	65
in bed	329
in church	329
inferior to	211
in five days	189
in front of	107
in hospital	329
in order not to ～	117
in order to ～	114
in prison	329
insist on --- / ～ ing	355
instead of	192
一般動詞	20
It appears that S + V ～.	320
It costs A 金額 --- to ～.	318
It costs 金額 --- for A to ～.	318
It happens that S + V ～.	320
It ＋自動詞＋ (that) S ＋ V ～.	226, 250
It is 時間 / 期間 --- since S + V～	182
It ＋受動態＋ (that) S ＋ V ～.	225, 250

364

It is ＋形容詞＋（that）S ＋ V ～.
·················· 224,250

It is ＋形容詞—＋（for A）to ～.
························· 227

It is ＋名詞—＋（for A）to ～. ····· 227

It is ＋名詞／副詞（句）／前置
詞句／従属接続詞節 ＋
（that）S ＋ V ～.
·················· 223, 228~231

It is 名詞 --- that V ～. ···· 228, 232, 250

It takes A ＋所要時間／期間
＋ to ～. ····················· 319

It takes ＋所要時間／期間
＋ for A ＋ to ～. ············· 319

It's because S ＋ V ～. ··············· 325

It seems that S ＋ V ～. ············· 321

I wonder if S ＋ V ～. ············· 326

it と one ························· 324

I wish ＋仮定法 過去 ··············· 193

I wish ＋仮定法 過去完了 ·········· 193

〈J〉

自動詞 ···························· 22
時刻を表す場合の主語 It ··········· 318
時制 ······························· 77
時制の一致 ·························· 248
状況の変化を表す表現 ······· 298~299
状況を表す場合の主語 It ··········· 319
受動態 ························ 93~95
junior to ·························· 211
just ······························ 171
述部 ······························ 10
述語動詞 ·························· 18
述語動詞の見付け方 ·············· 305
従位接続詞 ························ 55
従属節 ···························· 55

〈K〉

過去分詞 ······················· 89~92
過去完了 ······················· 174
過去完了：経験用法 ··············· 174
過去完了：継続用法 ··············· 175
過去完了：完了 結果・用法 ······· 175
過去完了：過去の事柄の叙述 ····· 176
過去進行形 ························ 78
寒暖を表す場合の主語 It ·········· 317
感情を表す形容詞 ················· 113
関係代名詞 ······················· 233
関係代名詞：目的格 ··············· 238
関係代名詞：所有格 ··············· 241
関係代名詞：主格 ················· 233
関係副詞 ························· 271
関係副詞の how ·················· 271
関係副詞の when ················· 272
関係副詞の whewe ················ 273
関係副詞の why ·················· 275
冠詞 ···························· 14
感嘆文 ························· 282
感嘆符 ··························· 18
可算名詞 ························ 27
仮定法 ························· 190
仮定法 過去 ······················ 190
仮定法 過去完了 ················· 191
仮定法の併用 ···················· 194
数～～～ more 名詞 --- ··········· 206
数 --- of 複数名詞 ··············· 131
keep A B ························· 162
keep a promise ···················· 56
形式目的語 ························ 161
形式主語構文 ···················· 223
形容詞 ························· 37
〈結果〉を表す"to 不定詞" ······· 115
金額を表す場合の主語 It ·········· 318

索引

365

規則変化をする 動詞	88
句	16
〈句〉を訳す順序	17
強調構文	228
距離を表す場合の主語 It	317

〈L〉

laugh at	94
lay out	235
least	211
leave A B	162
leave hospital	329
leave A for B	104
leave for	128
less	211
less 原級 than A	205
let A 動詞の原形～	147
Let's ～ .	64
Let's not ～ .	64
listen to music	78
little	211
look after	108
look at	64
look for	253
look ＋形容詞―	277
look like ＋ 名詞	107, 344

〈M〉

make A B	163
make a booking for	196
make A 動詞の原形～	147
make a promise	56
make a report of	137
make it 形容詞― (for A) to ～	163
many	211

many times	169
may	134
may have ～ed	135
may not	134
明暗を表す場合の主語 It	320
命令文	64
命令文 , and S ＋ V ～ .	65
命令文 , or S ＋ V ～ .	65
名詞	27
「名詞」の働きの原則	11
「名詞」の形容詞化	32
名詞 （＝先行詞） ＋ that / who / which ＋ V ～	233
名詞 （＝先行詞） ＋ （that / whom / which）S ＋ V ～	238
名詞 ＋ that ＋ S ＋V ～	251
名詞 ＋ whose ＋ 名詞	241
might	190
未来完了	177
未来完了：経験用法	178
未来完了：継続用法	178
未来完了：完了・結果 用法	178
〈目的語〉に "to 不定詞" と 「動名詞」	118~119
〈目的語〉の条件	29
目的格 （代名詞）	34, 35
目的格補語	32, 40
more	205, 211
more ＋原級	205
most	209, 211
most ＋原級	209
much	211
much ＋比較級	208
must	130
無冠詞の可算名詞 単数形	328
must have ～ed	131

must not ·················· 130

〈N〉

name A B ·················· 163
need（他動詞）·················· 136
need（助動詞）·················· 137
need have 〜ed ·················· 137
need not（needn't）·················· 137
never ·················· 44, 169
never to 〜 ·················· 122
next to --- ·················· 336
二人称 単数 ·················· 28
No one is 比較級 than A ·········· 207
No one is as 原級 as A ·········· 204
No（other）単数名詞 is
　　　比較級 than A ·············· 207
No（other）単数名詞 is
　　　as 原級 as A ·············· 204
No, let's not. ·················· 142
No, thank you. ·················· 142
not A but B ·················· 356
not 〜 any more ·················· 200
not as 原級 as A ·················· 203
not have to 〜 ·················· 131
not so 原級 as A ·················· 203
Nothing is 比較級 than A ·········· 207
Nothing is as 原級 as A ·········· 204
notice ·················· 353
not long before --- ·················· 348
not to 〜 ·················· 116
not 〜 yet ·················· 171

〈O〉

of 複数名詞 ·················· 131
often ·················· 44

one of 複数名詞 ·················· 131
on business ·················· 44
once ·················· 56, 169
only to 〜 ·················· 122
on one's way to ·················· 102
on television ·················· 78
on the list ·················· 98
on time ·················· 331
opportunity to 〜 ·················· 113
or ·················· 50
ought not to ·················· 139
ought to ·················· 139
out-of-date ·················· 252
out of order ·················· 341
overhear ·················· 353
over there ·················· 82

〈P〉

paint ·················· 83
Please 〜 ·················· 64
Please don't 〜 ·················· 64
pose with ---（for a picture）········ 281
promise A to 〜 ·················· 189
prove + 形容詞— ·················· 226
put off ·················· 157
put up with ·················· 338

〈R〉

rather + 形容詞／副詞— ·········· 347
remain underwater ·················· 203
remember 〜ing ·················· 118
remember to 〜 ·················· 118
連成名詞 ·················· 14
「連成名詞」を訳す順序 ·········· 15
request A to 〜 ·················· 158

索引

367

require A to ～	158
right now	139

〈S〉

最上級	209
最上級比較	209
最上級— in ＋単数名詞	209
最上級— of all	209
最上級— of ＋複数名詞	209
三人称 単数	28
三単現の s	29
see a doctor	124
see A 動詞の原形～	149
see A 現在分詞～	150
see A 過去分詞～	151
seem to ～	117
seldom	44
senior to	211
先行詞	233
節	49
接続詞の that	244
接続詞の that：同格	246
接続詞の that：補語	246
接続詞の that：目的語	245
接続詞の that：主語	244
shall	142
shall I ～ ？	142
shall we ～ ？	142
進行形	78
should	139, 190
should not / shouldn't	139
所要時間／期間 を表す場合の 主語 It	319
所有格（代名詞）	34, 35
主部	10
主部 と 述部	10, 305

主格（代名詞）	34, 35
主格補語	31, 39
〈主語〉の条件	27
主語 is 形容詞— to ～	115
主語 wonder if S ＋ V ～ .	326
主節	55
主節のみで表す《仮定法》	193
終止符	18
修飾	37
修飾語	32
since（従位接続詞）	182
since ＋ S ＋ V ～	170
since ＋時（時点）	170
sit for an examination	126
so as not to ～	117
so as to ～	114
sometimes	44
"so — that S ＋ V ～"構文	219
some と others	326
spend 金額／時間 --- on	327
spend 時間／期間 --- in ～ ing	327
speak ill of	44
stop ～ ing	118
stop to ～	118
such a ＋単数名詞	189
such a thing	193
such ＋複数名詞	189
"such — that S ＋ V ～"構文	221
superior to	211
S ＋ V ～ , followed by ---	354
S ＋ V so that 主語 may ～ .	135

〈T〉

他動詞	20
他動詞 ～ if S ＋ V ～ .	325

「他動詞」の 〜ed 形 の見分け方
 …………………………………… 96~97
他動詞 ＋ （that）S ＋ V 〜 ……… 245
他動詞・前置詞 と 目的語 …… 11, 21
take a picture of --- ……………… 281
take off shoes ……………………… 144
take over --- ……………………… 154
talk to ……………………………… 95
take --- 's picture ………………… 281
単語 ……………………………… 14
単数 ……………………………… 28
天候を表す場合の主語 It ………… 320
tell A not to 〜 …………………… 154
tell A to 〜 ……………………… 153
ten centimetres taller than A ……… 206
thanks to ………………………… 333
"that 構文 " の見分け方 …… 250~251
That ＋ S ＋ V 〜 ＋ 動詞 〜 . …… 244
that を補うべき個所 ……………… 12
the ＋比較級 …………………… 207
the day after tomorrow ………… 128
the day before yesterday …………… 46
The 比較級— S^1 ＋ V^1〜 , the 比
　　較級— S^2 ＋ V^2 〜〜 . …… 208
the 序数詞〜〜〜 ＋最上級—
　　（after / to ---） …………… 210
the least 原級— ………………… 210
the only ＋ 名詞 --- ……………… 235
the other day …………………… 261
the same A as B ………………… 312
"--- thing " と 形容詞 …………… 38
those（whom）S ＋ V 〜 ………… 356
those who ＋ V 〜 ……………… 356
though ……………………………… 57
three times ……………………… 169
three metres deeper than A ……… 206
throughout the day ……………… 358

till ……………………………… 57, 130
〜〜 times as 原級 as A ………… 203
〜〜 times 比較級 than A ……… 206
time to 〜 ……………………… 113
to 不定詞 ……………………… 110~117
"to 不定詞" の〈過去形〉 ………… 117
"to 不定詞" の〈否定形〉 ………… 116
"to 不定詞" の〈名詞的用法〉
　………………………………… 110~111
"to 不定詞" の〈形容詞的用法〉
　………………………………… 111~113
"to 不定詞" の〈副詞的用法 ①〉
　………………………………… 113
"to 不定詞" の〈副詞的用法 ②〉
　………………………………… 114
To 〜, it is --- . ………………… 123
等位接続詞 ……………………… 50
「等位接続詞」と〈省略〉 ………… 53
"too ＋形容詞／副詞— （for A）
　　＋ to 〜"構文 …………… 215
"too" の 区別方法 ……………… 216
travel around the world ………… 198
try 〜ing ………………………… 119
try to 〜 ………………………… 119
turn ＋形容詞 …………………… 299
twice ……………………………… 169
twice as 原級 as A ……………… 203
twice 比較級 than A …………… 206
two years older than A …………… 206

〈U〉

until ……………………………… 57
urge A to 〜 ……………………… 159
used to 〜 ……………………… 141
usually …………………………… 44

索引

369

〈W〉

wait for --- to 〜	328
want A not to 〜	155
want A to 〜	154
watch	353
watch television	44
way to 〜	113
well	211
what	46, 283
What ＋形容詞＋名詞 ＋ S ＋ V〜！	282
what ＋名詞	46, 283
what ＋名詞 --- ＋ to 〜	125
"What ＋ S ＋ V" が文中	284, 285
"What ＋ V" が文中	287
"What ＋ S ＋ V" が文頭	285
what to 〜	125
"What ＋ V" が文頭	286
when	47, 57, 272
when to 〜	125
where	47, 273
where to 〜	126
which	47
which ＋名詞	47
which ＋名詞 --- ＋ to 〜	126
which to 〜	126
while	57
who	47
whom	47
whose	48, 241
whose ＋名詞	48
why	48, 275
will	127
will have been to	180
will have gone to	181
Will you 〜 ?	128~129

with A 過去分詞〜	105
with A 現在分詞〜	105
with A 形容詞―	105
with A 前置詞句―	106
With --- , 仮定法 過去〜	195
With --- , 仮定法 過去完了〜	195
Without --- , 仮定法 過去〜	195
Without --- , 仮定法 過去完了〜	195
worse	211
worst	211
would	127, 190, 197
write	83

〈Y〉

訳さない主語 It	317~321
訳す順序	10
訳す順序の例外	10~11
Yes, let's.	142
Yes, please.	142
yet	184
〜 yet ?	171

〈Z〉

前置詞	17
前置詞句	16

370

イラスト：原武美奈

これならわかる！　英文読解 基礎ルール

2019 年 4 月 5 日　印　刷　　　　　　　2019 年 4 月 15 日　発　行

著　　書 © 西　口　昌　宏
(Masahiro Nishiguchi)

発　行　者　佐　々　木　　元

発　行　所　株式 会社　英　宝　社
〒101-0032　東京都千代田区岩本町 2-7-7
TEL 03 (5833) 5870-1　FAX 03 (5833) 5872

ISBN 978-4-269-66065-6 C3582
［製版・印刷・製本：日本ハイコム株式会社］